读客经典文库

100个书单丰富你的灵魂

欢迎你从《一个陌生女人的来信》进入读客经典文库！

浩瀚的经典文学史，
就是全人类共同的精神成长史，
大师们从各个角度探索、解析、塑造并丰富着
人类的精神世界。
读客从个人成长的角度出发，
为你重新梳理浩若烟海的文学经典，
汲取大师与巨匠淬炼的精神力量：

爱

天真、孤独

自由、尊严、恐惧

好奇、欲望、理性、幽默

乐观、勇气、幻想、善恶、信仰

……

追随读客经典文库的100个书单，
了解人类精神成长的脉络，
完成你自己的精神成长。

读客经典文库
100个书单丰富你的灵魂

经典不厌百回读,读客立足于国人的精神需求,提供有质量、有价值、有体系的精神成长经典文库,希望更多的读者从中获得乐趣,获得进益。

文洁若

二〇一八年二月二十日

文洁若

著名翻译家,是中国翻译日文作品最多的人。很多日本作家如川端康成、三岛由纪夫的作品,都是经由她首次介绍给中国读者。与丈夫萧乾合译《尤利西斯》,造就了一段文坛佳话。
2002年获日本政府颁发的"勋四等瑞宝章",2012年获"翻译文化终身成就奖"。

> 人之所以为万物的灵长，宇宙的精华，
> 就因为他会读、他爱读、爱读经典、学读
> 经典，万代不衰。
>
> 柳鸣九 2018年5月十日
> 怕金森手书

柳鸣九

中国社会科学院研究员、教授。

在法国文学史，西方文学思潮，文学理论与美文作评、文学名著翻译以及学者散文写作方面均有丰厚劳绩，有"著作等身""学术胆识卓越"的美誉。

其论著与译作已汇集为《柳鸣九文集》（15卷），共约600万字。

2006年被评选为中国社会科学院最高学术称号"终身荣誉学部委员"。

祝"读客经典"成为用人类创造的全部知识财富来丰富读者头脑的精神宝藏!

郭家申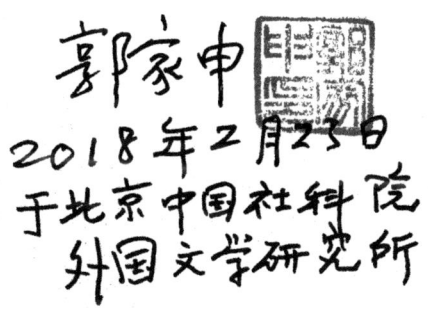
2018年2月23日
于北京中国社科院
外国文学研究所

郭家申

俄语翻译家,毕业于莫斯科大学文学语言系。

历任中国社会科学院外国文学研究所副所长、编审。

长达60年的翻译经验,累计翻译字数约500万字,翻译作品达30部。

译著有:《外国当代戏剧选》《艺术创造的本性》《高尔基自传三部曲》《一个沉思默想的女人》《迷惘的微笑》等。话剧译本《华沙曲》获辽宁省翻译奖。

阅读经典，就是立足于高起点，
含英咀华，淑奋精神，行健致远。

罗新璋

罗新璋

1957年毕业于北大西语系。
1963年转入国家外文局《中国文学》杂志社从事中译法文学翻译工作，1980年调入中国社会科学院外国文学研究所，从事法国文学创作。
曾花四年时间手抄200多万字的傅雷译文，在翻译时更是字斟句酌，力求精益求精，享有"傅译传人"的美誉。
主要译有《红与黑》《特利斯当与伊瑟》《列那狐的故事》《猫球商店》等。

> 寄语"读客文库"
>
> 普及世界文学经典
> 广播人类文明的果实
>
> 巴蜀译翁（杨武能）
> 二〇一八年春于广西北海

巴蜀译翁（杨武能）

1938年生于重庆，师从叶逢植、张威廉、冯至等先生，国家社科基金重大研究项目"歌德及其汉译研究"首席专家。

先后荣获联邦德国总统颁授的德国"国家功勋奖章"、联邦德国终身成就奖性质的洪堡学术奖金，以及国际歌德研究领域的最高奖歌德金质奖章。著作译作数量众多，影响较大的包括《浮士德》《少年维特的烦恼》《格林童话全集》《魔山》等。

> 名著是人类的精品食粮，提供给人立足世上的能量。我自称"心后"，是最大的受益者。读好书和译好书，从1980年至今，每天都收集我的快乐时光，组成不断升值的人生。
>
> 读者自有精神成长路线图，希望更多读者按图索骥，从中受益。
>
> 　　　　　　　　　　　　李玉民

李玉民

从事纯文学翻译近40年，出版作品上百部，总计翻译字数达2500万字。

主要译作有：《巴黎圣母院》《悲惨世界》《缪塞戏剧选》《艾吕雅诗选》等；主编《纪德文集》（5卷）、《加缪文集》（3卷）。

在李玉民的译作中，有半数作品是他首次向中国读者介绍的。

周克希

复旦大学数学系毕业后,在华东师大数学系任教二十八年,又在译文出版社当过十年编辑。译有普鲁斯特、福楼拜、圣埃克絮佩里、大仲马和萨勒纳弗等人的小说。著有随笔集《译边草》《译之痕》《草色遥看集》。

我们说一本书是经典,就意味着我们一生中绝不能会不止一次地阅读它,如行须写的。评们常来更多的经典佳作。

周克希

> 每一部经典文学作品，都是人类的重要精神基因。读客用经典文学构制的精神成长基因，希望能够让更多的读者通过文字认识世界，找到自己灵魂的归属。
>
> 谭晶华

谭晶华

　　文学博士，教授，博士生导师。原上海外国语大学常务副校长，现任该校学术委员会主任。中国日本文学研究会会长、上海翻译家协会会长。出版众多著作、论文、辞典和教材、文学名著译作120多部（篇），350余万字。

> 读客经典精神成长库将人类精神文明的精华做了系统的梳理，让经典更直接地与个体成长结合起来，是一种独到的做法。
>
> 黄宜思
> 2018.2.23.

黄宜思

　　中国政法大学教授，著名翻译家黄雨石之子。译有《罗马帝国衰亡史》《澡盆故事》《远航》《六便士之家》《罗马史》等。于2008年和2009年两度担任中国翻译协会主办的全国"韩素音青年翻译奖"竞赛评委。

与好书为友，拥抱每个能陶冶你心性的机会；
携经典作伴，在读客经典中找到你下一本书。

曹明伦

曹明伦

　　四川大学教授、博士生导师，中国作家协会会员，中国翻译协会理事、成都翻译协会会长，国务院政府特殊津贴专家。译有《爱伦·坡集》《弗罗斯特集》《培根随笔集》《莎士比亚十四行诗集》等多种英美文学经典。

希望读客经典为读者
提供经典的精神享受。

姚锦清

姚锦清

　　上海外国语大学高级翻译学院教授，上海市语委英译专家。参编《20世纪欧美文学史》《外国文学名著赏析辞典》及《外国抒情诗赏析辞典》。主要译作有《布赖顿硬糖》《心灵的激情——弗洛伊德传记小说》等。

> 愿读客经典使青年朋友们
> 快快成长，成年人永远年轻！
>
> 王之光
> 2018.2.22

王之光

  浙江大学教师，长期从事文学和文化翻译教学与实践，已经出版的有《发条橙》《索多玛的120天》《小妇人》《圣经故事》《法国电影》等，还有汉译英作品如《台湾简史》《中美关系史》等。

> 阅读经典，充实人生。
> 愿读客经典走进千万读者中。
>
> 陈求实
> 二〇一八年 三月

陆求实

  中国翻译协会专家会员、上海翻译家协会理事，致力于日本文学译介多年，译有夏目漱石、谷崎润一郎、吉川英治、渡边淳一、村上春树、岛田雅彦等人作品，曾获"上海翻译新人奖""上海优秀中青年文艺家""上海文艺家荣誉奖"，2011年荣获日本"野间文艺翻译奖"。

玩读写经典

读经典，提升人生境界，汲取文化精华。

吴刚

吴刚

上海外国语大学高翻学院副院长、教授，英美文学博士，上海市翻译家协会理事。出版有《霍比特人》《美与孽》《莎乐美》等翻译作品30多部。

在这个文库里，总能找到一本要读的书：有你读过但值得重读的书，有你听说过正打算读的书，也有可能发现并在可能影响你一生的书。

姚向辉

青年译者，译作有《教父》《七杀简史》《漫长的告别》《马耳他之鹰》等。

> 愿我的孩子,我孩子的孩子,都能看着读客经典,进入世界文学的瑰奇殿堂。
>
> —— 汪洋

汪洋

  毕业于北京大学,翻译家,外国文学资深编辑。从事英、日文文学翻译、编辑工作十余年,已出版译著有《D之复合》《人类灭绝》《鹰翼行动》《百年法》《亲爱的提奥——梵高传》《红字》等,涵盖推理、科幻、军事、惊悚、艺术史及经典文学等领域。

> 品经典之作,读经典译文,祝读客经典多出精品,愿更多读者在阅读经典中找到自我,收获未来!
>
> —— 刘勇军

刘勇军

  知名青年翻译家,译风简练而深邃。译有《月亮与六便士》《刀锋》《不安之书》《生命不息:归来》《日出酒店》《遗失的时光》等经典作品。

一个陌生女人的来信

[奥]斯蒂芬·茨威格 著
陈宗琛 译

文汇出版社

BRIEF EINER UNBEKANNTEN

Stefan Zweig

目　录

一个陌生女人的来信　　001

象棋的故事　　051

看不见的珍藏　　115

灼人的秘密　　135

一个陌生女人的来信

著名小说家 R 到山里度过三天悠闲的假期之后，这天清晨，他回到维也纳。到了火车站，他顺便买了一份报纸。看了一眼日期，他突然想到，今天是自己的生日。"四十一岁了。"这个念头很快地闪过他的脑海，他心里并没有什么特别的感受。他塞塞窣窣地随意翻阅一下报纸，就搭小轿车回到他的寓所。仆人告诉他，在他离家的这段时间，有两位客人来访，有几个人打过电话找他，然后用一个托盘把这些天寄来的邮件交给他。他懒洋洋地看了一眼，挑了几封比较有兴趣的拆开来看看；其中有一封信字迹挺陌生的，摸起来还蛮厚的，他就先把它搁在一边。这个时候，仆人刚好端茶上来，他就舒舒服服地往靠背椅上一靠，又随意翻阅一下报纸和几份印刷品，这才点上一支雪茄，伸手去把那封搁在一边的信拿过来。

这封信大约有二三十页，看得出是女人的字迹，不过，那个笔迹他从来没有见过，写得非常潦草，看起来像是一篇手稿，而不太像是一封信。他不由自主地再掏掏信封，看看里面是不是有什么附件没拿出来，可是信封是空的。信封和信纸上都没写寄信人的地址，甚至连个签名也没有。他心里想："真怪。"于是又把信拿起来看。"你，从来不认识我的你！"这句话写在开头，算是称呼，算是标题。他心里有点惊讶，停下来想：这个"你"指的是他，还是写信的人所想象的人呢？他的好奇心油然而生。于是，他开始往下读：

"昨天，我的儿子死了——我陪着这条脆弱的小生命，和死神搏斗了三天三夜。我在他的床边足足坐了四十个小时，当时，他染上了流行感冒，成天发着高烧，可怜的身子烧得滚烫。我把冷毛巾放在他发烫的额头上，不分昼夜，不眠不休，紧紧握着他那双不断抽搐的小手。可是，到第三天晚上，我已经累得连眼皮都张不开了，于是就不知不觉睡着了。我坐在一把硬椅子上睡了大约三四个钟头。没想到，就在这段时间里，死神夺走了他的生命。此刻，我温柔可怜的孩子就躺在那里，躺在他那柔软的小床上，就像进入很深很深的睡梦中一样；就在刚刚不久前，我才将他那乌黑慧黠的双眼轻轻地合上，并且把他的双手靠拢起来，轻轻地放在他的白衬衫上面。

"我还在床的四个角落点上四支蜡烛。做完这些事情之后，我动也不敢动，更不敢往床上看，因为，每当烛火摇曳，影子就会从他脸上和紧闭的嘴唇上掠过，看起来仿佛脸上五官还在动，这样一来，我会产生一种错觉，以为他根本就没有死，他还会醒过来，还会用他那清脆的嗓子孩子气地跟我撒娇。可是，我心里明白，他确实已经死了，我不敢往床上看，不敢让自己怀有任何虚幻的希望，而后又再度陷入绝望。我知道，我知道，我的儿子昨天死了——现在，在这个世界上，我只剩下你一个人了；可是，你对我一无所知。你也许正在寻欢作乐，或者正在和某个女人调情，关于我的一切，你全然不知。虽然，在我的生命中只剩下你一个人，你却从来没有认识过我；尽管如此，我始终还是爱着你。

"我把第五支蜡烛拿起来放在桌子上，就在这张桌子上写信给你。我怎能就这样孤单单地守着我死去的孩子，而不找个人宣泄我内心的痛苦和情感呢？在这个可怕的时刻，除了对你说，我又能跟谁说呢？过去，你是我的一切；而现在，更是我仅剩的一切啊！也许我解释得并不够清楚，也许你根本就不明白我在说些什么——因为，现在，我的脑袋发麻，两边的太阳穴在抽痛，就好像有人在用槌子敲打；而我的四肢酸痛不已。我想我可能发烧了，说不定也得了感冒。此刻感冒正在挨家挨户地蔓延扩散，要是真的得了流行感冒那倒好，这么一来，我就可以和我的孩子一起去了，省得自己动手来了结残生。有时候，我眼前会突然一片漆黑，也许我连这封信都写不完了。可是，我一定要竭尽全力，振作起来，和你谈一次，就谈这一次，你，最亲爱的你，从来不曾认识我的你！

"我要和你单独谈一谈，有生以来第一次，我要把一切都告诉你：我要让你知道我的一生。我的一生向来是属于你的，你却对我的一生毫无所知。此刻，我的四肢忽冷忽热，就像患了重病似的，随时都可能死去，不过，也正因为如此，我才会在这个时候把深藏在内心的秘密告诉你，这样一来，你就不会有任何回信的机会。要是我还能够活下去，我会把这封信撕掉，并且继续保持沉默，就像我过去一直默默地躲在阴暗里一样。所以，当你手里拿着这封信的时候，你就应该明白，这是一个死去的女人在向你诉说她的身世，诉说她的人生。从她懂事的时候起，一直到她生命的最后一刻为止，她的生命始终是属于你的。看到这些话你不要害怕，其实，一个死者别无所求，她既不要求别人的爱，也不要求同情和慰藉。我对你只有一个要求，那就是，请你相信，我以沉痛的心情吐露出来的衷情都是最真挚的。请你相信我所说的一切，这是我对你唯一的请求，你要知道，当一个人痛失挚爱的独子时，是不会说谎的。

"在这里，我要向你倾诉我的一生。实际上，我的生命是从认识你的那一刻起才真正开始。在此之前，我的生活阴暗混乱，就像深埋在内心深处的地窖，堆满了那些我不愿再想起的、发霉尘封的人和事，而我对那些早就没有任何感觉。我十三岁那一年，你出现在我的生命中，当时，你就住在现在这幢房子里。而此刻，你同样在这幢房子里，手里拿着这封象征着我生命结束的最后一封信。当年，我和你住在同一层楼，正好就在对面。我相信，你一定对我们没有什么印象：那个寒酸的会计员遗孀（她总是穿着孝服）和她那个还没有长大的瘦小女儿。我们深居简出，无声无息，仿佛只活在我们小资产阶级的穷酸气氛之中。也许你甚至从来不知道我们的姓名，因为我们的门上并没有挂门牌，也一直没有人来探望我们，或是打听我们。而且，事情已经过了那么久，有十五六年了，我挚爱的你一定什么都不记得了。可是我，噢！只要一回忆起当时的每一个细节，我就感到热血沸腾；我还清清楚楚地记得第一次听到人家说起你的那一刻，记得第一次看到你的那一天，不，那一个钟头。那一切就像刚刚发生的一样，历历在目，你说，我怎么能不记得呢？因为，从那一刻起，世界才真正为我开启生命之门。耐心点儿，亲爱的，就让我细说从头吧！我求你，给我一刻钟的时间，让我谈谈自己，你千万不要感到厌倦。我爱你爱了一辈子，从来也不曾厌倦过！

"在你搬进来以前，住在这间屋子里的人，穷凶极恶，好勇斗狠，喜欢和邻居吵架。他们自己穷得要命，却又爱嫌邻居穷。我们不愿意跟这种粗鄙的人有瓜葛，所以他们很讨厌我们。这家的丈夫是个酒鬼，常常打老婆。我们经常睡到半夜，被摔椅子、摔盘子的声音惊醒。有一次，他老婆被打得头破血流，披头散发地逃到楼梯间，那个酒鬼在她身后大吼大叫，最后大家都开门出来，威胁他说要去叫警察，风波才平息下来。我母亲从一开始就避免和这家人有任何来往，并且禁止我和这家的孩子一起玩。因此，只要一有机会，他们就找我麻烦，拿我出气。他们如果在大街上碰到我，就会在我背后骂脏话。有一次，他们用硬邦邦的雪球丢我，把我打得头破血流。全楼的居民对他们一家人都恨得牙痒痒。直到有一天，他们家出事了。我记得，那家的男人偷东西被抓起来，他老婆只好带着零星的家当搬出去，这一来，我们大家都松了一口气。屋子空下来之后，招租的广告在大门上贴了几天，不久就被撕了下来，从门房那里很快传出了消息，说是有个作家，一位单身文静的先生租了那间公寓。当时我第一次听到你的名字。

"几天之后，油漆匠、粉刷匠、清洁工、地毯工匠来了，开始重新装潢屋子。那间公寓被那家人住过之后，脏得像猪窝。那几天，整栋楼充斥着叮叮当当的敲打声、拖地声、刮墙声，我母亲却很高兴，她说，这样一来，以后再也不用面对那讨人厌的一家子了。搬家的时候，我一直没有机会看到你，因为，所有搬家的工作都是你的仆人在料理。你那个仆人个子小小的，神情严肃，头发灰白。他总是轻声细语，十分冷静，以一种居高临下的姿态指挥工作。他让我们留下很深刻的印象，因为，第一，在这幢坐落在郊区的房子里，从来没有见过像他那样气质非凡的仆人；其次，因为他对所有的人都相当客气，又能够不亢不卑，不会降低自己的身份跟一般的仆役厮混，东家长西家短。自从到这里来的第一天，他总是毕恭毕敬地和我母亲打招呼，把她当作有身份的太太，甚至对我这个黄毛丫头也是态度亲切、谨慎有礼。每次提到你的名字，他的脸上总是浮现出尊敬的神情，一种不寻常的敬意，令人立刻感觉到，他和你的关系，远远超出一般主仆。也就是因为这样，我是多么喜欢这个善良的老约翰！尽管如此，我还是在暗地里忌妒他，因为他可以老是待在你的身边，可以时时伺候你。

"吾爱，我如此喋喋不休地告诉你这些琐碎可笑的小事，只是想让你明白，自从你的名字出现在我的生命中，你就对我这个生性腼腆、胆怯羞涩的女孩子产生无比巨大的影响。甚至，你自己本身都还没有进入我的生活，你的身边就出现了一道光圈，一种丰富、奇特、神秘的气氛。所有住在这幢郊区楼房里的人，一直怀着好奇、焦灼的心情期待你搬进来住（生活圈子狭小的人们对一切发生在身边的新鲜事都很好奇）。有一天下午，我放学回家，看见货车停在我们那栋楼房前面，这时，我心里对你更好奇了。那个时候，大部分笨重的大件家具都已经被搬运工抬到楼上去了，只剩一些零星的小东西还没有搬。我站在门口，充满惊奇地看着你所拥有的东西，它们都是那么奇特、那么别致，而且是我从来没有见过的：有印度的佛像、意大利的雕刻、色彩鲜艳夺目的巨幅油画。后来又搬来了好多书，书的封面漂亮极了，我从来没想到过书会这么好看。这些书都叠在门口，你的仆人负责整理，用掸子仔细地把上面的灰尘掸掉。我充满好奇，蹑手蹑脚地绕着那堆越叠越高的书，边走边看，你的仆人看到我，没有把我赶走，不过，他也没有说我可以靠近那些书。所以，尽管我心里真想摸摸那些有软皮封面的书，却一本也不敢触碰。我只敢怯生生地从旁边看看书的标题，这些书里头有法文书、英文书，还有一些用我不认识的文字写的。要不是母亲把我叫回去，我想，我会一直傻傻站在那里看下去，就算看上好几个钟头，自己可能都没有感觉。

"那天晚上，我辗转难眠，心里老是想着你，当时我连你的面都还没有见过呢！我自己只有十几本书，都是一些便宜货，而且还是用破烂的硬纸做封面，可是我很珍惜这些书，总是一读再读。当时，我心里想，这个人拥有那么多不同文字写成的书，一定懂得很多种语言。一个那么有钱，又那么有学问的人，到底长什么样子呢？一想到一个人能够拥有那么多书，一种超凡脱俗的敬畏之心不禁油然而生。我试着在心里勾画出你的模样：你可能是个戴老花眼镜、蓄着长长白胡子的老先生，就像我们的地理老师，不同的是，你的态度一定更为和蔼，外表更漂亮，举止更文雅。我不知道为什么当时我就这么有把握，认定你一定长得很好看，矛盾的是，我想象中的你还是个老先生呢！虽然我不曾见过你，可是，那天夜里，我却梦见了你。

"第二天，你搬进来了。可是，不管我怎么拼命搜寻，就是见不到你的面，这使得我更加好奇了。到了第三天，我终于看到你了。你的模样和我想象中截然不同，甚至可以说，跟我那种小孩子幻想中的老爷爷模样南辕北辙。这实在是出乎我的意料，令我相当震惊。在我的梦里，你是一个戴着老花眼镜、和蔼可亲的老先生，可是当你出现的时候，我才明白，原来，你就是你，即使时光不断缓缓流逝，你却始终不曾改变！那天，你穿着一身迷人的浅褐色运动服，上楼梯的时候两步并作一步，步伐轻盈，活泼敏捷，模样十分洒脱。你把帽子拿在手里，所以我一眼就看到你那容光焕发、表情生动的脸庞，以及一头散发着光泽的头发。你是那么年轻，那么英俊潇洒，而且身材修长、体态轻盈，完全超乎我的想象，深深撼动了我的心。你说，这不是很奇妙吗？见到你的那一刹那，我就清楚感觉到你的独特，你的与众不同。我相信不仅是我，凡是认识你的人都会很惊讶地发现你那特殊的双重性格。有时候，你就像是个轻浮、贪玩、喜欢冒险的热血少年，可是，一转眼你又变成认真负责、学问渊博的长者，在自己的专业领域里无比严肃。当时，我的潜意识就比别人更早感受到你这种特殊的双重性格。你过着双重的生活，表面上，你显得很开放、明朗，其实还有阴暗的另一面，这一面只有你自己知道。这种深藏在你内心深处的双重性格是你一生的秘密，可是，这种双重性格却被我这个十三岁的小姑娘一眼看穿了。也就是因为这样，我就像着了魔似的，深深被你吸引了。

"你现在明白了吧，亲爱的，当时，对我这个小孩子而言，你是多么不可思议的奇迹，多么诱人的谜啊！在文艺界声名卓越、著作等身的著名学者，竟然是一个个性开朗、年轻潇洒的二十五岁青年！我内心的震撼真是难以形容！从那天起，在我们这幢楼房里，在我整个可怜的儿童世界里，除了你，再也没有别的东西能够引起我的兴趣了。我，一个十三岁的小女孩，天生一股追根究底的傻劲儿，唯一的兴趣就只有你的生活、你的存在！我每天都在仔细观察你，观察你的生活起居，观察那些来找你的人，他们分属于各种不同的行业，各有不同的身份地位，这更显出你的多重性格，也使得我对你越来越好奇了。有时候，你那些年轻的同学会嘻嘻哈哈地上楼找你,他们都是些不修边幅的大学生,每次他们来,你就会跟着他们一起发疯,大声笑闹。有时候,又会有一些太太搭着小轿车来看你。有一次,歌剧院的经理来了,他是一位伟大的指挥家,我看过他一次,远远地、满怀敬意地看他站在舞台上的谱架前面。还有一些商业学校的年轻女学生,她们总是羞答答地一溜烟闪进你的房门后。来找你的女人很多,多得数不清,当时我并不觉得这有什么奇怪的。有一天早上,我正准备上学的时候,刚好看见有位太太,用厚厚的面纱蒙着脸,从你的屋里走出来,我也不觉得这有什么特别——当时我才十三岁,还是一个不经世事的孩子,我却怀着炽热的好奇心,一直试着要刺探你的行踪,偷窥你的一举一动,当时的我并不知道,这些行为就是一种爱情的表现。

"不过,亲爱的,我现在终于明白,早在那个时候,我就全心全意爱上你,永远永远地迷恋着你了。记得有一天,我跟一个女同学出去散步,回来之后,就站在大门口闲聊。忽然,一辆小汽车飞驰而来,停在我们面前,车子才刚停下来,你就迫不及待地从车上跳下来,那种姿态多么轻巧灵活。一直到现在,想起你那种潇洒的帅劲儿,我依旧怦然心动。你下了车就直接走向大门,我毫不迟疑地帮你把门打开,可是,这样一来,我反而挡住了你的去路,我们两个差点儿就撞在一起。你很自然地看了我一眼,眼里充满了温暖、柔和的深情,就像一阵微风轻轻爱抚着我,接着,你——该怎么说呢——含情脉脉地对我微微一笑,然后,用一种非常轻柔的,好像跟我相当熟稔的口吻说:'谢谢你,亲爱的小姐!'

"事情就是这样发生的,亲爱的,在那一刹那接触到你充满柔情蜜意的眼光,我就明白,我已经完全属于你了。后来,我才知道,你的眼神天生就具有勾魂摄魄的魅力,不管是从你身边走过的女人,还是你去买东西时替你结账的女店员,甚至任何一个帮你开门的侍女,你都会对她们投以这种含情脉脉的、让人情不自禁地想对你投怀送抱的眼神。其实,你的眼光并不是真的表示你有多爱慕那个女人,只是因为你天性就是多情种子,只要看见女人就会变得特别温柔。可是,当时才十三岁的我根本不懂得这些,我以为,你眼中的柔情蜜意只是针对我一个人。就在这一瞬间,我内心的热情全被点燃了。突然之间,我觉得自己一下子长大、成熟了,变成一个完全属于你的女人。

"'他是谁啊?'我的女同学问。

"我一下子答不上来。不知道为什么,我忽然说不出你的名字,只是觉得在这神奇的一刻,在我的心目中,你的名字突然变得无比神圣,是我心里的秘密。'唉,大概是住在我们这栋楼里的先生吧!'我结结巴巴地说。

"'奇怪了,他只不过看你一眼,你怎么就满脸通红了!'我的女同学用一种三姑六婆特有的奇怪表情,语带嘲讽地说。谁知道,她的讽刺正好说中了我的心事,我觉得一股热气直往脸上冲,脸就更红了。我不禁恼羞成怒,真恨不得把她给活活掐死,我很生气地朝她骂了一句:'你这个蠢丫头!'没想到她笑得更开心了,嘲讽的神情更加明显,我实在是气得没办法了,泪水不自觉地涌上了眼眶。最后,我干脆不理她,一口气跑上楼去。

"你知道吗?就在那一刹那,我死心塌地地爱上了你。我相信,你这个深受女人宠爱的男人,一定听过不少女人对你这么说。可是,请你相信我,没有一个女人像我这样全心全意、始终如一地爱着你，过去是这样，现在也是一样；这世上没有什么东西比得上一个孩子暗自怀抱的爱情。我的爱不要求任何回报，不抱任何期待，只是心甘情愿地默默守候着你，这和你们上流社会的女人那种欲求不满，不自觉地贪求无厌的爱情是完全不同的。只有像我这种从小孤独的女人才能够把满怀的热情集中在一个人身上，而不像其他的人，早就在社交活动中滥用了自己的情感，把感情消磨殆尽了。他们经常听别人谈论爱情，也常常在小说里读到许多爱情故事，他们知道，'爱情'是人共同的命运。因此，他们玩弄爱情，就像耍弄玩具一样，玩腻了就扔掉。他们得意洋洋地四处向别人夸耀自己的恋爱史，就像男孩子第一次学会抽香烟的模样。但是，我身边没有'别人'，没有人可以倾听我的心事，也没有人指点我、提醒我。我没有见过世面，甚至没有半点心理准备，就这样一头栽进了自己的命运当中，就像跌进万丈深渊。我心里只有一个人，那就是你，连睡觉做梦也只梦见你，我把你视为唯一的知音。我的父亲很早就过世了，我的母亲整天心情郁闷，落落寡欢。她靠着养老金过日子，总是胆小怕事，所以我也很少和她谈心事。而我那些女同学个个都变得放浪形骸，喜欢做坏事，更是令我反感。她们态度轻佻，把爱情当成儿戏，而在我心目中，爱情却是至高无上的感情。所以，我把原本可能七零八落的感情，以及羞涩而又热情奔放的心灵，全部奉献给你。我该怎么对你说才好呢？任何比喻都不足以形容我对你的感情：你是我的一切，是我全部的生命，世间万物都因为你的存在才有了意义，而我生活中的一切，也只有与你产生联系时才有意义。因为你，我的生活完全不同了。原先我在学校的成绩一直都是普普通通，自从那天以后，我突然跃升为全班第一名。因为我知道，你喜欢书本，所以我每天看好多书，常常看到深夜还不觉得累。我甚至突然以一种不屈不挠的毅力练起钢琴，因为我认为，你应该是一个热爱音乐的人，这样的举动让母亲相当惊讶。我把衣服刷了一遍又一遍，仔细地缝补，只为了让你看到干干净净、讨人喜欢的我。我每天上学穿的那条旧校服罩裙，是用我母亲穿过的家常便服修改的，裙子左边有一块四四方方的补丁，我总觉得很碍眼。当时，我很怕你看到这个补丁会瞧不起我，所以，每次放学回家，我总是快步跑上楼梯，还用书包遮住那个补丁，紧张得全身发抖，唯恐被你撞见。现在回想起来，当时的我是多么傻气啊！其实，自从那次偶遇之后，你几乎没有再正眼瞧过我一眼。

"而我呢？除了整天等着窥探你的一举一动之外，我什么事也不想做。我们家的大门上有一个小小的黄铜窥视孔，透过这个圆形小窗孔刚好可以看到你家的大门。这个窥视孔就是我探视新世界的眼睛——啊，亲爱的，你可别笑我傻气，在那些日子里，每天下午，我总是拿着一本书，坐在小窥孔前面，坐在冰冷的门前守候着你，还得提心吊胆地怕母亲起疑心。我的心情就像一根绷紧的琴弦，等着为你的出现而颤动。纵使现在想到当时的自己，我也不觉得有什么好害羞的。我的心始终为你紧张，为你颤动，可是你根本感觉不到。我仿佛是你口袋里的怀表，绷紧着发条，你却感觉不到。这根发条在暗中耐心地为你数着一分一秒，为你计算时间，带着沉默的心跳陪着你东奔西走，而在它那嘀嗒不停的几百万秒当中，你可能只会匆匆地瞥它一眼。我知道你所有的事情，知道你每一个生活习惯，认得你每一条领带、每一套衣服，认得你每一个朋友，而且，我还把他们加以分类，分成我喜欢的和讨厌的两种。在我十三岁到十六岁的岁月中，我每一个小时都是耗费在你身上。啊，我做了多少傻事啊！我亲吻你用手摸过的门把。我曾偷偷捡起你进门之前扔掉的雪茄烟头，把它视若圣物，因为你的嘴唇接触过它。到了晚上，我不时借故跑下楼，到巷子里去看看你哪个房间还亮着灯光，用这种方式来感觉你的存在，然后在想象中亲近你。每次一看见善良的老约翰把你的黄色旅行袋提下楼去，我总是吓得停止心跳，因为我知道你又要出远门了。在你出门的那几个礼拜，我就像是一具行尸走肉，觉得活着没什么意义，心情恶劣到极点，整天无聊得要命，不知道要做什么来打发时间。另外，我还得十分小心，不能让我母亲看到我哭肿的眼睛，发现我内心的绝望。

"我知道，我现在告诉你的，都是滑稽可笑的荒唐行径，就像小孩子做的傻事。可是，我不觉得这有什么好羞耻的，因为，这些天真的行为流露出来的爱情是那么纯洁，那么热烈。你知道吗？光是描述我和你相遇之后的每一个日子，就可以连续讲上十几个小时，甚至好几天；而你呢？你几乎从来没有好好地看过我一眼，每次我忽然在楼梯上遇见你，想躲也躲不开的时候，我总是赶紧低下头，快步从你身边跑上楼去，我怕看到你那火辣辣的眼光，好像一个人怕被野火烧到，赶紧跳进河里一样。你知道吗？如果真要谈起过去那段你早已遗忘的时光岁月，我可以讲上几天几夜，甚至可以为你写出记载你一生的编年纪事。可是，为了不让你感到无聊难受，我只想再告诉你一段我童年时代最美好的经历。不要嘲笑我，虽然这只是一件微不足道的小事，对当时还是小孩子的我来说，这可是一件了不得的大事。有一个星期天，你出门旅行去了，你的仆人把厚厚的地毯拍打干净之后，正要把它拖进门去。对这个老人家来说,这个工作似乎太粗重了。不晓得哪里冒出来的一股勇气,我走了过去,问他要不要我帮忙。他似乎很惊讶,不过还是让我帮了他一把,于是,借着这个机会,我看见了你寓所的内部陈设——我实在无法形容,我当时的心情是多么敬畏、多么虔诚!我看见了你生活的天地。我看见你经常使用的书桌,桌上还摆了一个蓝色的水晶花瓶,瓶子里插着几朵鲜花。我也看见你的柜子、你墙上的画、你架上的书。匆忙间,我只能偷偷看一眼你的生活天地,尽管如果我斗胆要求,你的老仆人约翰会让我多看一会儿,可是就这么一眼,我就把你整个屋子的气息都吸进了自己的脑海里,以后,无论是清醒还是在睡梦中,我都有足够的东西可以幻想,可以神游。

"虽然只是匆匆的一瞥,却是我童年时代最幸福的时刻。我会告诉你这件事,是为了想让你这个从来不认识我的人能够开始真正感受到,有一个生命曾经那么依恋你,为你憔悴。那是我生命中最幸福的时刻。然而,我也不得不告诉你我生命中最可怕的时刻。这两件事几乎是同时发生的!刚才,我已经告诉了你,为了你,我忽略了身边的一切人和事,对谁都漠不关心,连自己的母亲也是。我没有注意到,在这期间,有一个上了年纪的男人经常来我们家做客。他是从因斯布鲁克来的商人,是我母亲的远房亲戚,每次他来,一待就是好几个钟头。当时,我还很高兴他来看我母亲,因为他有时候会带我母亲去看戏,这样,我就可以一个人待在家里,默默想着你,守着大门,等着看你回来。这可是我生活中唯一至高无上的幸福啊!忽然,有一天,母亲把我叫到她房里,啰里啰唆地说了好多话。她说,她想和我好好谈一谈。当时,我的脸色忽然变得惨白,心头怦怦直跳,心里想:莫非她发现了什么，猜到了什么不成？我第一个念头就是你，还有我内心的秘密。那个秘密是我和外面世界唯一的联系。可是，我猜错了。我母亲自己反而显得忸忸怩怩。她先温柔地吻了我一两下（平常她是不吻我的），接着把我拉到沙发上跟她坐在一起，然后才吞吞吐吐、羞羞答答地开始说，她那个远房亲戚的妻子去世了，最近，他向她求婚。她说，她完全是为我着想，才决定接受他的求婚。听到这里，一股热血涌上我的心头，心里面只想到你。'那我们还住在这里吧？'我好不容易结结巴巴地说出这么一句话。

"'不，我们要搬到因斯布鲁克去，费迪南德在那里有一栋漂亮的别墅。'

"听到这句话，我突然感到眼前一黑，她另外说了些什么，我都听不见了。后来，听说当时我昏过去了。那位亲戚在门外等着，我听见母亲低声对他说了几句话，那个时候，我突然双手一摊，身子往后一仰，像铅块似的倒在地上。

"接下来的几天发生的事情都是任凭大人处理，不是我这个完全没有自主权的小孩所能控制的。我真的无法形容，这件事情带给我多少的痛苦与无奈，直到现在，一想到当时的情景，我这只握笔的手还是忍不住颤抖起来。我不能告诉他们我内心的秘密，结果，在他们眼里，我的反对看起来都只是在使性子、闹脾气、耍心眼。没有人愿意理会我，所有的事情都背着我在进行。他们利用我上学的时间搬东西，每次我放学回家，就会有一两件家具被搬走了，或是卖掉了。就这样，我眼睁睁地看着家里被搬得空荡荡的，我在这里的生活也跟着毁灭了。有一天，我回家吃午饭，搬运工人正在包装家具，他们准备把剩下的东西全部搬走。空荡荡的房间里只剩下已经收拾好的箱子，还有替母亲和我准备的两张行军床，我们还得在这里过最后一夜，隔天，我们就要乘车到因斯布鲁克去了。

"在这最后一天，我突然有一种很明确的感觉：如果不能留在你身边，我是无法活下去的。除了你，我不知道还有谁能拯救我。就算花上一辈子的时间，我也无法解释清楚，当时我心里在想什么。我也没有把握，在这个绝望的时刻，我的脑袋是否还能保持清醒。当时妈妈不在家，我身上还穿着校服。我只记得，我突然站起来，全身僵直地走到对面去找你。不，我并不是'走'过去的，而是有一股磁铁般的内在力量，把手脚僵硬、全身发抖的我吸到你的门前。正如我刚才所说的，连我自己也不知道，自己到底想做什么。当时，我心里只有一个念头，一心只想跪在你面前，求你收留我当你的女仆，当你的奴隶。也许，你会取笑我，取笑一个十五岁女孩，取笑她那种纯洁无邪的狂热感情，可是，亲爱的，我只希望你能够明白，当时站在门外，站在寒风刺骨的走廊上，虽然心里害怕得浑身僵硬，偏偏又有一股无形的力量推着我，驱使我走到你家的门前。我用尽全身的力气举起颤抖不停的手，用指头按了你的门铃。这场艰苦的奋斗虽然只有短短的几秒钟，对我而言却漫长得可怕，如果你知道这一点，就不会取笑我了。当时，刺耳的门铃声仿佛还在我耳边回响，接下来是无尽的等待，无边的寂静，我的心跳停止了，全身的血液都凝结了。我屏住呼吸，全神贯注，仔细聆听是否有你走过来开门的脚步声。

"可是，你没有来开门；没有半个人来。显然那天下午你并不在家，约翰大概也出去办事了。于是，我摇摇晃晃，拖着疲惫的步伐回到家，回到那间被搬空了家具、残破不堪的公寓。刚刚的门铃声依然在耳边萦绕，我精疲力竭地倒在一床旅行毯上，从你家门口到我家一共才四步路，我却走得疲惫不堪，仿佛是在深深的雪地上跋涉了好几个小时似的。尽管我已经精疲力竭了，但我心里有一个坚定的意念：我一定要在他们把我拖走之前看你最后一眼，再跟你说说话。我发誓，我的心里绝对没有半点非分之想，当时，我还只是个天真无邪的小女孩，除了想你以外，没有任何情欲的念头，我只是一心一意想再见你，紧紧依偎在你的胸前。为了这个心愿，我宁愿整夜不睡，等你回来。这是多么漫长的一夜。一等妈妈躺下睡着了，我立刻蹑手蹑脚地溜到门口，竖起耳朵仔细听，希望能听到你回家的脚步声。当时是严寒的一月天，我忍着冰冷刺骨的低温，彻夜守候。屋子里已经没有椅子可以坐，我只好趴在冰冷坚硬的地板上，疲惫困倦，四肢酸疼。当时，我只穿着单薄的睡衣躺在硬邦邦的地板上，阵阵寒风不时从门底下吹进来。可是，我并没有拿毯子来保暖，我不想让自己太暖和，万一睡着了，我就听不见你的脚步声了。大门边不但一片漆黑，令人害怕，而且真的好冷。我躺在那里，全身酸疼，双脚因为僵硬抽筋而蜷缩了起来，两只手臂冷得直发抖。我只好一次又一次地站起来，动一动，暖暖身子。就这样，我一直等，一直等，等你回来，仿佛在等待自己的命运。

"大概是凌晨两三点吧，我终于听见楼下有人用钥匙打开大门的声音，然后是脚步声走上楼梯。刹那间，我觉得寒意顿消，浑身发热，我轻轻地打开大门，想一口气冲到你前面，扑倒在你的脚下……啊，我真的不知道，当时我这个傻女孩会做出什么傻事来。脚步声越来越近，烛光一闪一灭地从楼梯照上来。我紧握着门把，浑身紧张得直发抖。心里想，爬上楼来的人，真是你吗？

"是的，亲爱的，真的是你——可是你并不是单独一个人回来。我还听到一阵娇媚轻柔的笑声，听到晚礼服拖在地上的窸窣声，还有你低声说话的声音。你是和一个女人一起回来的。我已经想不起来，那一夜，我是怎么熬过去的。第二天早上八点，他们就把我带到因斯布鲁克去了，我连一点反抗的力气都没有。"

"昨夜，我的儿子死了。如果现在我还能够活下去，也只能再度又是孤零零地生活。明天，那些黝黑粗笨的陌生男人会带一口棺材过来，我必须把我唯一的可怜孩子放进棺材里。也许还有一些朋友会带着花圈来，可是，鲜花放在棺材上又有什么意义呢？也许他们还会安慰我几句，可是，他们又能帮我什么忙呢？事情过后，我还是得独自一个人生活。在这个世界上，再也没有比置身于人群之中，却又得孤独生活更可怕的事了。我在因斯布鲁克住了两年。在那漫无止境的两年里，我就已经体会到这种感觉。在十六岁到十八岁那两年，我和家人住在一起，感觉自己就像一个囚犯，一个被遗弃的人。我的继父性情平和，沉默寡言，对我很好，母亲对我更是百依百顺，似乎是想补偿她无意中犯的过错。身边有不少年轻人围绕着我，讨好我，可是，我总是执拗地拒他们于千里之外。离开了你，我不想让自己高高兴兴地过日子。我依然沉湎在内心阴郁的小天地里，折磨自己，强迫自己过着孤独寂寥的生活。家人买了许多花花绿绿的新衣服给我，我却一件也不穿。我不肯去听音乐会，不肯去看戏，拒绝跟别人一起快快乐乐地出去郊游。我几乎足不出户，很少上街。亲爱的，你相信吗？在这座小城市整整住了两年，我认识的街道却不到十条。我整天愁眉苦脸，整个人沉浸在哀愁的心情里。见不到你，我什么也不想要，只想让自己沉浸在痛苦的悲愁中。我一心一意只想和深藏在心灵深处的你单独在一起，不想为别的事物分心。我常常一个人坐在家里，一坐就是好几小时，甚至可以坐上一整天，什么事也不做，就是想你，把上百件萦绕在脑海中的小往事翻来覆去地想个不停，回想每一次和你见面，每一次等候你的情形。我不断在脑海里反复回想这些小插曲，就像一幕幕的电影画面在我眼前一闪而过。因为我不断回想过去生活中的每个细节，所以，整个童年岁月的每一分每一秒都栩栩如生地烙在我的脑海里，仿佛只是昨天的事情。

"当时，我所有心思都集中在你身上。我把你写的书全部买来看，只要看到你的名字出现在报纸上，这一天就会成为一个特别的节日。你相信吗？你的书我读了又读，不知道读了多少遍，书中每一行、每一句我都可以一字不漏地背出来。即使在时隔十三年后的今天，如果有人半夜里把我从睡梦中叫醒，拿着你写的任何一本书，随便念一句，我一样能够接着往下背，就像在做梦一样。对我来说，你写的每一句话，都是福音，都是祈祷词啊！我的世界只因为你而存在。我时常在维也纳的报纸上查看音乐会和戏剧首演的广告，一心只想找出任何你可能感兴趣的演出，到了晚上演出的时间，我的心就飞到远方去陪伴你。我的灵魂飞越千山万里，跟着你走进剧院大厅，然后，陪着你一起坐下来。这样的情景在我梦中出现了上千次，因为，我曾经有那么一次机会，亲眼在音乐会上看到你。

"我为什么要告诉你这些呢？何苦要把一个孤独的孩子那种疯狂、自我折磨、悲惨绝望的狂热之情，向一个毫不知情、毫无感觉的人倾诉呢？然而，当时的我还算是个孩子吗？那个时候，我已经十七岁，转眼就要满十八岁了。那个年纪，走在大街上，年轻人已经开始会转过头来看我了，可是，他们的举动只会惹我生气。因为，即使只是游戏般地跟别人谈恋爱，而不是跟你，在我觉得都是不可思议、绝不可能的事情。甚至只要稍稍动了心，我都会觉得自己背叛了你。这些年来，我对你的感情从来没有变过，只是随着我身体的发育，随着我内心深处情欲的觉醒，而和过去有所不同。我的感情反而变得更炽烈、更含有情欲的意味，更具有成熟女性的气息。当年，那个不懂事的小女孩潜意识里有一个朦胧的愿望，驱使她去按你的门铃，现在，那个愿望变成我唯一的信念，把自己奉献给你，完全委身给你。

"身边的人都认为我个性腼腆，说我生性羞怯，其实，我只是口风很紧，不肯把内心的秘密告诉任何人。久而久之，我的心里产生了一股钢铁般坚定的意志。我一心一意只想着一件事，那就是回到维也纳，回到你的身边。经过不屈不挠的努力，我终于如愿以偿，尽管在别人看来，这是多么荒谬绝伦，多么难以理解。我的继父很有钱，他把我当作亲生女儿一样看待。可是，我却很顽固地坚持要自己赚钱养活自己。最后，我终于达到了目的，只身前往维也纳去投靠一个亲戚，并且在一家规模很大的服装店当店员。

"一个雾气迷蒙的秋日黄昏，我终于回到了维也纳！我相信，不用我多说，你应该知道，我第一个想去的地方是哪里！我把行李寄放在火车站，立刻跳上一辆电车。这部电车真是慢得出奇，每停一站，我就气得发火。最后，终于来到那幢你住的房子前面。你的窗户还透着灯光，我站在窗子底下，心头怦怦乱跳。

当我抵达维也纳，抵达这座喧嚣扰攘的城市时，对我来说，它原本是陌生、毫无意义的，但是从这一刻起，它再度有了生气。也就是在这个时候，我的心又重新活过来了，因为我可以真切感觉到你的存在，你，我永恒的梦。我完全没有想过，在你我之间，无论是隔着千山万水，还是只隔着一层玻璃窗，当我抬头仰望你时，对你来说，两者同样的遥远。我一直仰着头，目不转睛地盯着你的窗户，那里有灯光，你可能正在屋子里，在那个我多年来魂萦梦牵的天地里。两年来，我朝思暮想的时刻，总算让我盼到了。这是个漫长的夜，天气温和，夜雾弥漫。我就这样站在你的窗下，一直到窗口的灯光熄灭，才心甘情愿地离开，去找我住的地方。

"从那天以后，每天晚上我都会来到你的窗前站着，盯着窗口看。我每天都得在店里工作到六点，虽然工作量很大，很累人，可是我很喜欢，因为忙碌可以使我分心，才不会一心直想往你那里跑。当时，我每天到你的窗前守候，唯一的心愿就是再看你一眼，想和你再见一次面，只要能够远远地用眼神拥抱你的脸，我就心满意足了！就这样，大约过了一个星期，我终于遇见你了，而且是在我完全没有心理准备的一刹那。那一天，我正抬头窥视你的窗口，你突然穿过马路走了过来。我一下子慌了手脚，觉得自己仿佛变回当年那个十三岁的小女孩，一时之间，热血涌向我的脸颊。我违背了自己内心的渴望，那股再次和你相见的强烈欲望，不由自主地低下头，好像身后有人在追我似的，飞快地从你旁边跑了过去。事后想想，这些日子以来，我不是早已打定主意，一定要见到你吗？好不容易熬过这段漫长的岁月，终于能够实现愿望，与你相遇，我却像个女学生，羞涩畏缩地逃走了。我心里无限懊恼。

"其实,长久以来,尽管我每天晚上都站在你窗外的巷子里,你根本没有注意到我。即使在风雪交加的日子,维也纳凛冽刺骨的寒风吹个不停,我也一直在那里。有时候,我傻傻地一等就是好几个小时,一等就是大半天,好不容易才看到你和朋友们一起从家里走出来。有两次,我还看见你和其他女人在一起。我甚至看见一个从来没见过的女人,和你手挽着手紧紧依偎着往外走,我的心猛地纠结起来,我的灵魂也瞬间被撕成碎片,那一刻,我惊觉到自己已经是个大人了,心里突然有种新奇、异样的感觉。事实上,我并不觉得意外,早在年纪还小的时候,我就常常看到女人来找你。可是,现在,已经长大的我猛然看到这种情景,突然觉得肉体上有种无法形容的痛苦,而心里的感觉也起伏不定,一方面恨你和另外一个女人在肉体上如此亲昵,一方面也渴望自己就是那个女人。后来,由于幼稚的自尊心作祟,隔天一整天,我赌气不去看你。从小我就有这种拗脾气,说不定到现在还是这样呢!可是,那个倔强赌气的夜晚却变得非常空虚、可怕!第二天晚上,我还是忍气吞声地站在你的窗前,痴痴地等,也许命中注定,我一生就是得这样,站在你从来未曾为我敞开的生活前面空等待。

"有一天晚上,你终于注意到我了。我老早就发现你从远方走过来,我连忙振作起来,别到时候又躲开你。很凑巧的,当时刚好有一辆卡车停在街上卸货,使得马路变得很窄,你必须紧挨着我的身子走过去。当你和我擦身而过时,你那漫不经心的眼神很自然地从我身上扫过,可是,一接触到我专注的眼神之后,立刻又变成了那种专门对付女人的眼神,变成了那种含情脉脉、动人心魄的眼神。我心里暗暗吃惊,多熟悉的感觉啊,就是这种把对方紧紧拥抱起来的勾魂摄魄的眼神,将我沉睡的心灵唤醒,使我一下子从一个孩子变成成熟的女人,变成恋爱中的女人。你的眼神和我的眼神就这样接触了一两秒钟。我一直没有办法将自己的眼神移开,也不愿意移开。然后,你就从我身边走过去了。我的心跳得好快,我不由自主地放慢脚步,心里有一股强烈的好奇心,驱使我转过头去看你。那一刹那,刚好看见你停住脚步,也正回过头来看我。你似乎非常好奇,很感兴趣地观察我,然而,从你的眼神中,我立刻就可以确定,你并没有认出我是谁。

"当时,你并没有认出我来,其实,你从来也没有认出过我。亲爱的,我该怎么对你形容我那在一瞬间的失望呢?当时,我第一次感受到这个不幸的命运,这个我一辈子都得忍受的命运,也将带着它一起死去。我这辈子永远都不可能和你相识了。我该怎么向你描述这种失望呢?你想想看,在因斯布鲁克的那两年,我无时无刻不在想念你,我什么也不想做,只是整天幻想我们在维也纳重逢的情景,我还随着自己当时心情的好坏,想象出最幸福和最恶劣的情况。而且,我也梦见过所有可能发生的情景。当我心情低落的时候,我会想象,你把我拒于门外,因为我家世太低贱,长得太丑,而且太令人讨厌了,所以你会看不起我。在我活跃的想象世界里,我设想过各种你可能会表现出来的憎恶、冷酷,以及冷漠的态度。可是,我的心情再低落,自卑感再严重,我也不敢去想象最可怕的情景:你根本没有注意到有我这个人的存在。

"今天,我终于明白了。你终于让我了解到,对于一个男人来说,一个少女、一个女人的脸想必是多变的,在大多数情况下,它只是一面镜子，有时候反映出一张年轻热情的脸，有时候是天真烂漫的脸，有时候又是一张疲劳困倦的脸。这些脸庞，就像镜子里的人影一样，转眼即逝，再加上不同的年龄会在她们的脸上投下美丽的光泽，或者布上苍老的阴影，而服装也会产生各种不同的效果。因此，对你们男人来说，要记住一个女人的容貌确实不容易。这个道理，只有伤心失意过的女人才能真正体会。当时，我还只是个少女，还不能理解你的健忘。事实上，我自己夜以续日地痴心想你，最后竟然产生了一种错觉，以为你一定也常常在想我，等着和我相见。可是，如果从一开始就知道，在你的心目中，我根本什么也不是，你从来也没有想过我，我又怎么能活得下去呢！如今，你的眼神告诉我，你根本不认得我，根本想不起来你我之间有任何关联，你这种眼神就像晴天霹雳，把我从梦中惊醒，跌入现实的世界。这是我第一次预感到自己的命运。

"第一次的相遇，你没有认出我是谁。两天之后，我们又偶然相遇了。这一次，你用一种亲昵的眼神拥抱我，你还是没有发现，我是那个被你唤醒灵魂，一直爱着你的女孩。你只是发觉，我就是两天前，在同一个地方，和你面对面擦身而过的那个十八岁的美丽姑娘。你亲切地看了我一眼，眼神充满了惊讶，嘴角泛起一丝淡淡的微笑。你再次和我擦肩而过，和上次一样，你马上放慢了脚步。我忍不住全身颤抖，心中更是雀跃不已，暗中祈祷，希望你会走过来跟我打招呼。我感觉到，这是我第一次真正因为你而活跃，所以我也放慢了脚步。这一次，我不会再躲开你了。那一刹那，我虽然没有回头，却可以感觉到你就在我身后，我知道，这将会是你第一次真正和我说话。我的心情既期待又忧虑，四肢发软，全身无力，整颗心像小鹿似的狂奔猛跳，我不得不停下脚步。就在这个时候,你走到我旁边来了。你开始向我搭讪,一脸愉快自在的神情,仿佛我们已经认识很久了。唉,你根本不知道我是谁,你也从来不曾走进我的生活。你亲切地和我攀谈,神情自然,充满魅力,所以我也能够轻松地和你对答。我们一起走过整条巷子,接着,你问我愿不愿意和你一起去吃晚饭。我立刻就答应了!我怎么拒绝得了你的邀请呢?

"我们在一家小饭馆吃饭——你还记得这家饭馆在哪里吗?相信你一定不记得了,类似这种晚餐,你一定吃过不下百次了,所以你怎么可能特别记得这一次呢?我不过是几百个女人当中的一个,而这一次的邂逅,也只不过是你辉煌的艳遇情史中的小小记录罢了。所以,你怎么可能还记得我呢?那天,我很少开口说话,能够在你身边听你说话我就很满足了。我不要因为随便提问题,或是顺口说了句傻话,而浪费任何一秒钟的时间。我非常感谢你给了我这一个小时,我永远也不会忘记这段时间。我心中对你产生出一种毫无保留的敬意。你是多么温柔,多么文雅,多么迷人,多么懂得克制自己,甚至不曾用一种强迫的方式来抚触我。虽然长久以来,我的心、我的灵魂早已属于你,可是,光是你一开始所展现出来的那种高度的自信,那种友善的亲昵举动,就已经征服了我。噢,你就像一个驱魔的法师,根本不知道你从我心中驱赶出来的是什么样的邪灵,因为你唤醒了在我心中蛰伏了五年的童年期望。

"很晚了。我们吃完晚餐,走到餐厅门口,你问我是否在赶时间。我怎么隐藏得了心中的渴望,渴望委身于你!我说,我有的是时间,你迟疑了一下,然后问我,是否愿意跟你一起回家聊聊天。我仿佛感觉到你心里早就打算这样做,因此我说:'我很乐意。'

我立刻就注意到，我毫不迟疑地接受邀请似乎让你感到受宠若惊，你看起来像是有点不好意思，也像是很高兴。总之，我看得出来，你感到很意外。如今，我当然能够了解你当时的惊讶；如今我才知道，即使一个女人内心有强烈的渴望，想委身给一个男人，她通常也会隐藏自己的心意，装出一副小心翼翼或是生气的样子，然后等着男人恳求她、哄骗她，向她表明心迹，向她许下承诺。我知道，或许只有那些妓女，或是天真烂漫的年轻女孩会毫不迟疑地接受这种邀请。然而，你又怎么知道，对我来说，那只是心意的自然流露，只是内心压抑了一千多个日子的渴望，像火山一样爆发。无论如何，你终于被我吸引住了，开始对我产生兴趣。当我们一边聊天、一边沿路散步的时候，我感觉得出来，你似乎刻意在赞美我。你的直觉像魔术般的敏锐，能够立刻看穿一个人的本性。你的直觉告诉你，这个年轻漂亮、对你毫无戒心的女孩，内心一定有些不寻常，隐藏着某种秘密。你开始产生了好奇心。你开始拐弯抹角地问了我一些试探性的问题，而我可以感觉到，你是多么渴望找出这个神秘女子心中隐藏的秘密。然而，我逃避你的问题。我宁愿装傻，也不肯说出心中的秘密。

"我们终于走到你住的公寓。亲爱的，请原谅我，我必须说，你无法了解这条窄窄的走廊，这些楼梯对我的意义是多么非比寻常。眼前的景物翻搅着我的心，那是一种狂喜，一种狂乱，一种令人痛心的快乐。那种狂喜，几乎要了我的命。多少年来，每当我想起这个地方都免不了激动流泪，直到今天，我的眼泪已经流干了。这里的每样东西都蕴藏着我的爱，每样东西都象征着我的童年和渴望。成千上万个日子，我看着那些东西等你回来；我在这座楼梯上学会辨认你的脚步声，在这座楼梯上第一次看见你；透过我家的窥视孔,我饥渴的灵魂拼命寻找你的身影;有一次,我跪在你门前的小地毯上,突然听到你房门的钥匙咯啦一响,我整个人从我躲着的地方惊跳起来。童年时期,我把所有的激情都寄存在这条几英尺长的走廊里,我一生的回忆都在这里。如今,旧地重游,过去的回忆像一阵暴风雨向我席卷而来。我终于一偿夙愿,可以和你走在一起,走进你的家,走进我们的家。也许听起来很俗气,不过,我也不知道还有什么别的说法。你可以想象一下,你房间的门外是现实的世界,沉闷、平凡的生活围绕着我,门里面却是一个小孩子梦寐以求的阿拉丁魔法世界。没想到,现在我正如醉如痴地跨过门槛,走进那个我多年来望眼欲穿却不得其门而入的世界。亲爱的,你绝对想象不到,这一刻对我的生命有多大的影响。也许,你最多只能模糊地感受到,却永远也不可能完全理解。

"那天晚上,我整晚都待在你的身边。你一定不知道,在这之前,从来没有一个男人如此亲近过我,也从来没有一个男人接触过或是看过我的身体。看到这里,也许你会纳闷,为什么我对你一点都不抗拒?事实上,为了不让你猜出我深爱着你的这个秘密,我压抑住内心的羞怯和迟疑,因为我怕这个秘密会把你吓跑。你不愿意在感情上做任何承诺,生怕干预别人的命运,你只喜欢游戏人生,无牵无挂地过日子。你宁愿向全世界的人挥霍你的感情,也不愿意做出任何牺牲。亲爱的,如果我现在告诉你,当我委身于你的时候,我还是个处女,我求你,千万不要误解我!我并不是在责怪你!从头到尾,你都没有勾引、欺骗过我,或是引诱我。是我自己硬要走到你面前,投身到你的怀里,强迫自己跳进这个不幸的命运中。噢,不会的,我永远永远都不会责怪你。我反而会感激你,这一夜对我来说是多么的多彩多姿,我在黑暗中睁开眼睛,觉得四周闪烁着幸福的光芒,因为你就躺在我身边。我宛如置身在天堂,就算身边有星星在闪耀,我也不会觉得奇怪。亲爱的,我从来没有后悔过,从来没有因为这些时刻而后悔过。我只知道,当你睡熟时,当我听见你的呼吸时,当我触摸到你的身体时,感觉自己和你多么亲近。在黑暗中,我不禁喜极而泣。

"第二天一早,我急着要走,因为我必须到店里去上班,而且,我想在你的仆人进来以前离开,不想让他看见我。当我穿好衣服,站在你面前准备要走的时候,你把我搂在怀里,很专注地凝视着我。难道你隐约在遥远的回忆中想起了什么,或者,你只是觉得我当时看起来是那么快乐,那么美丽动人呢?然后,你吻了我一下。我轻轻地从你的怀抱中挣脱出来,准备离开。这时,你问我:'你要不要带几朵花走呢?'我说:'好吧。'你就从书桌上的那只蓝色水晶花瓶(这个花瓶就是我小时候曾经偷瞄过一眼的花瓶)里拿出四朵白色的玫瑰花给我。我每天都亲吻这些玫瑰花,直到它们凋谢为止。

"我们已在前一天晚上约好第二天再碰面。那天晚上,我准时赴约,又一起度过了美好的夜晚。第三天晚上,你也是陪着我。然后,你告诉我,你要出远门了。噢,从童年时代起,我就恨死了你的旅行。你答应我,只要一回到维也纳,马上就会和我联络。我给了你一个邮局信箱的地址,因为我不想让你知道我的真实姓名。我想保留内心的秘密。分手的时候,你又给了我几朵玫瑰作为纪念——临别的纪念。

"接下来的两个星期,我每天都去邮局,看看有没有你寄给我的信。结果，答案都是否定的，我该怎么向你描述，当时我的心灵受到多么巨大的痛苦和失望的折磨呢？我并不是在责怪你。我就是爱你这个样子：热情又健忘，一往情深却又用情不专。我就是爱你这种始终不曾改变的个性，过去你一直就是这个样子，现在还是这个样子。看到你的窗口灯火通明，我知道，其实你早就回家了，可是你并没有写信给我。一直到我人生最后的时刻，我一直不曾收到你寄来的任何一封信。我把一生都献给了你，可是，我不曾收到你寄来的只言片语。我每天都在等待，等待，怀着绝望的心情等待，可是，你并没有写信给我……连一句话，连一个字也没有……"

"我的儿子昨天死了——他也是你的儿子，亲爱的，他是我们在那三个热情的夜晚怀下的结晶。我发誓，人在死神的阴影笼罩下是不会撒谎的。我向你发誓，他是我们的孩子，自从我委身给你，一直到孩子出生为止，没有其他男人碰过我的身体。被你触摸之后，我觉得自己的身体是神圣的，我怎能随便让其他男人和你一起分享我神圣的身体呢？更何况，他们在我的生命中只是匆匆的过客。亲爱的，他是我们的孩子，是我无怨无悔的爱情和你丰富潇洒的热情产生的结晶。他是我们的孩子，我们的儿子，我们唯一的孩子。

"亲爱的，听到这样的事情，你可能会相当震惊，也或许只是有点讶异。现在，你可能会问我，这么多年了，为什么我一直瞒着你孩子的事情呢？而这个孩子现在已经躺在黑暗中沉睡，永远沉睡了。他将永远离我而去，不会再回来了。你也许会问，为什么一直到这个时候，我才把真相告诉你呢？然而，我怎么能告诉你呢？对你来说，我只不过是一个饥渴的陌生女人，心甘情愿和你度过三个夜晚，没有任何抗拒就委身于你，你绝对不可能相信我的。你永远也不会相信，一个匆匆邂逅的陌生女人，会对你这么一个不忠实的男人坚贞不渝。你也绝对不会坦然接受这孩子是你的亲生儿子，你一定会怀疑。即使你真的相信我的话，你还是会怀疑，也许我是看上你的财产，想要敲诈你，所以把另一笔风流账转嫁到你的身上，硬说他是你的儿子。你会一直怀疑我。这样一来，你我之间就会产生令人痛苦、挥之不去的阴影。我不希望这样。再说，我了解你，我非常了解你，甚至比你自己更了解你。对于爱情，你只喜欢轻轻松松、毫无拘束，你并不想担负任何责任。如果你突然发现自己当上了父亲，马上得对另一个小生命负责，你一定会惊慌失措。你这个人只能活在自由自在的世界里，一旦发现被我牵绊住，失去了自由，你一定会恨我。我知道，你一定会的，一定会失去理智而痛恨我。如果我因此变成你的累赘，你会觉得我很讨厌，觉得我很可恨。然而，那不是我想要的结果，即使只是几个小时，甚至短短的几分钟。我的自尊心告诉我，我要的是你想起我的时候，心里没有一丝一毫的顾虑。我宁愿独自承担所有后果，也不愿意变成你的负担。我希望自己是你所有的女人当中最独一无二的。我希望，每当你想起我的时候，心中只有柔情和感激。不过，我确信，你从来就没有想过我，你早就把我忘得一干二净了。

"我并不是在责怪你，亲爱的。噢，不，我不是在抱怨。如果我的字里行间有流露出一丝丝的怨尤，也希望你能够谅解。我的孩子，不，应该说是我们的孩子，他死了，他正躺在摇曳不定的烛光下。最初，我握紧的拳头在空中挥舞，痛骂上帝是杀人凶手，我的心情既复杂又混乱。噢，请宽恕我心中的怨怼，请原谅我吧！我很清楚，你是一个好人，也很乐于助人。你愿意帮助每一个人，即使是素昧平生的人来求你，你也一样会伸出援手。可是，你的慷慨行径却又那么的与众不同。你的慷慨善意是那么的广大无边，可是，请原谅我这么说，它却是被动而懒散的。你必须向它恳求，必须向它伸手乞讨。只有当别人向你求援，恳求你帮助的时候，你才会伸出援手；你帮助人家是因为你的罪恶感，因为你的心肠软，而不是发自内心的。让我们诚实地面对事实吧，在你眼里，世间贫穷困苦的人当然比不上你那些富有愉快的伙伴来得可爱。像你这样的人，不管多么的宽厚仁慈，求你们帮助是很难的。

"当我还小的时候，有一天，来了一个乞丐，他按了你家的门铃，透过窥视孔，我看见你拿钱给他的模样。他都还没开口向你乞讨，你就迅速、慷慨地把钱给了他，可是，你的神情看起来很烦躁，动作很仓促，好像巴不得他赶快走。你的样子，仿佛很怕正眼看他似的。我永远也忘不了，你帮助别人的时候那种惶惶不安、羞怯惭腆，很怕人家感谢你的模样。就是因为这样，我从来不找你帮忙。没错，我知道，只要我开口，你一定会帮助我的，即使不确定这个孩子是不是你的，你还是会帮助我。你一定会安慰我，给我钱，给我一大笔钱。可是，你的心里一定暗藏着那种烦躁不安的情绪，想赶快把这件麻烦事从身边推开。我相信，你甚至会劝我及时把孩子拿掉。这就是我最害怕的，只要是你的要求，有什么是我不会照做的呢？我怎么能拒绝你的请求呢？可是，这孩子是我的全部啊！因为他是你的骨肉；他就像是第二个你，可是又不完全是你：他不像幸福无忧的你，那个我无法拥有的你。但是，你还是给了我另一个永恒的生命，如我所愿地植入我的身体，和我的生命结合。现在，我终究还是得到你了。我可以感觉到你的生命在我的血管里成长，只要我想要，我随时可以哺育你，喂养你，爱抚你，亲吻你。所以，亲爱的，你明白了吧，当我知道自己怀了你的孩子时，我是多么快乐。也正因为如此，我才会瞒着你，不告诉你这件事，这样一来，你就再也不会从我身边溜走了。

"不过，亲爱的，我必须承认，这段日子并不完全如我先前所想象的那样幸福快乐，有好几个月，我活在痛苦和灰暗中，对人们卑劣的行径充满了憎恨。其实，我的日子并不好过。为了不让亲戚发现我的状况而通知我的父母，在生产前的几个月，我就不再到店里去上班了。我也不想向我母亲要钱，所以，一直到临盆前的那段时间，我都只能靠变卖手头上的那点首饰来维持生活。生产前一个礼拜，一个洗衣妇从橱柜里偷走了我仅剩的几枚金币，我只好到一家产科医院生孩子，只有一贫如洗、无依无靠，或是遭人遗忘的女人，万不得已才会去那种地方。而我们的孩子，你的孩子，就是在穷苦潦倒的阴暗角落呱呱坠地。那里简直就是人间地狱，仿佛另一个世界。我们这些互不相识的人，孤独地躺在那里，互相仇视，只因为有相同的不幸和苦难，才使我们相聚在这个麻醉药和鲜血味充斥、痛苦的喊叫和呻吟不断的病房里。人们加诸穷人身上的凌辱，还有精神和肉体上的折磨，我在那里都感受到了。我必须忍受和娼妓同房的痛苦，她们总是恶毒地欺负那些命运相同的病友。我还必须忍受年轻医生玩世不恭的态度，他们脸上老是带着讥讽的笑，任意掀起盖在这些没有抵抗能力的女人身上的被单，然后假借医学研究之名，随便检查她们的身体。我也得忍受护士们的贪得无厌。啊，在那里，不屑的眼神、恶毒的言语，使一个人的尊严饱受凌辱。写着病患姓名的名牌是她唯一可以保有的东西。因为，对医院的工作人员来说，在床上躺着的，不过是一块抽搐颤抖的肉，只是一个可以让人好奇地东摸西摸、随意观察研究的对象而已。噢，那些在自己家里生产，有温柔的丈夫在一旁守候的产妇绝对无法体会那种感觉，那种独自生产，孤立无援，仿佛置身于实验室中任人宰割的感觉！一直到今天，每次在某一本书里看到地狱这个字眼，我就会不由自主地想到那间病房，那间挤得水泄不通、潮湿，充满呻吟、歇斯底里的狂笑声和惨叫声的病房，那座使羞耻心饱受凌迟的屠宰场。我在那里吃足了苦头。

"请你原谅我，原谅我说了这些事。我就只提这么一次，以后永远不会再说了。我整整沉默了十一年，而不久之后，我将永远沉默，就让我宣泄这么一次吧，让我告诉你，为了得到这个孩子，我付出了多大的代价。这个孩子曾经是我全部的幸福，如今，他躺在那里，已经停止了呼吸。事实上，过去那些痛苦的时刻，在孩子的笑语声中，在幸福陶醉之中，早就被我忘得一干二净。可是现在，孩子死了，痛苦的经历又再次从记忆里复活，所以这一次，我不得不对你倾诉，把心底的痛苦借由哭喊宣泄出来。我并不是在埋怨你，我只怨上帝，是上帝使我承受的痛苦变得毫无意义。我发誓，我并不怪你，我也从来没有生过你的气。即使在我承受阵痛的痛苦，在我忍着羞耻，任凭医学研究生贪婪地观看我的身体时，甚至在痛苦把我的灵魂撕裂的那一瞬间，我也没有在上帝面前指控过你。我从来没有后悔曾经和你共度那几个夜晚，从来没有否认自己对你的爱情。我始终爱着你，始终赞美着你我相识的那个时刻。就算我事先就知道那种地狱般的时刻,也知道有什么样的折磨在等着我,亲爱的,为了你,即使再忍受一千次我都愿意!"

"我们的孩子昨天死了,然而,你从来没有见过他。这个漂亮的孩子,你的孩子。你甚至没有机会在路上和他偶然相遇,匆匆看他一眼。因为,自从我生了这个孩子之后,有很长的一段时间,我一直躲着,避免和你见面。事实上,我对你的思念变得比较淡薄了,甚至,我觉得自己对你的爱也不像以前那样狂热了。至少,在我得到这份上天的礼物之后,我为爱情所受的苦就少多了。我不想让自己的爱在你和他之间被分割,所以我决定全心全意照顾孩子,不再想你这个离我生命太遥远的天之骄子,就算没有我,你也活得很自在。可是,孩子需要我,他需要人抚养,而且我随时可以吻他,可以把他搂在怀里。显然,我已经摆脱了对你朝思暮想的焦躁心情,摆脱了我的厄运。是另一个你解救了我的灵魂。只有在极少的情况下,我的情感才会又卑微地移到你身上。事实上,我只做了一件事,那就是,每逢你的生日,我都会送一束白玫瑰给你,这些玫瑰,就和当年我们共度第一夜之后,你送给我的那些花一样。这十年、十一年来,你是否曾经问过,是谁送来的花?你是否曾经回想起,从前,你送过这种玫瑰花给哪个女孩?我不知道,也永远不可能知道你的答案。对我来说,能够一年一次偷偷地把花送给你,借此唤醒你对那个时刻的回忆,我就心满意足了。

"你从来没有见过我们可怜的孩子。现在想起来,我很后悔自己把他藏起来,不让你见他。你要是见了他,你一定会爱上他的。你从来没有看过这个可怜的男孩,没有看过他微笑,没有看过他轻轻地张开眼皮,然后用那双黑亮、聪明的眼睛看我,向全世界投射出一道明亮快乐的光芒。那是你的眼睛啊!噢,他是那么开朗,那么可爱。在他那种童稚的天真里,我看到了你安逸的个性。在他的身上,我可以看到你那灵敏活跃的想象力。他可以一连好几小时专心玩玩具,就像你在游戏人生一样,然后,轻轻皱起眉头,一本正经地坐着看书。他越长大越像你。你特有的那种兼具严肃认真和玩笑戏谑的双重性格,也渐渐在他身上展现出来了。他越是像你,我就越爱他。他的学习能力很强,是一个好学生。当他说起法文时,就像一只小喜鹊似的,吱吱喳喳说个不停。他的作业是全班写得最整齐的,他的相貌是那么漂亮,穿上黑丝绒衣服或者白色的水兵服时特别英俊。无论走到哪里,他总是穿得最时髦的一个。每次我带他去海滩上散步,女人看到他都会停下脚步,摸摸他金色的长发。当他到萨默林滑雪时,人们都会转过头来欣赏他。他是这么漂亮,这么温文儒雅,这么讨人喜爱。去年,他进入德莱瑟中学的寄宿学校就读。当他穿上制服,佩上短剑,看起来就像是十八世纪的宫廷侍童。可是现在,他身上除了一件小睡衣之外,什么也没有,我可怜的孩子,他就躺在那里,嘴唇苍白,双手叠在胸前。

"你可能会问我,我怎么有办法让孩子在优渥的环境中成长,怎么有能力让他过这种活跃、快乐、富裕的生活?亲爱的,我是在黑暗中跟你说话,所以,我不觉得羞耻。我会把这件事告诉你的,可是,亲爱的,你千万别害怕。我卖身了。虽然我不是去做大家所说的那种妓女,或是站街女郎,不过我还是卖身了。我交了一些有钱的男朋友,还有阔气的情人。刚开始我去找他们搭讪，后来他们就会主动来找我，你可曾注意到，我长得很美。每一个亲近过我的男人都会越来越喜欢我，他们都很感谢我，迷恋我，爱我。可是，亲爱的，只有你，只有你不是这样！

"你会因为我向你坦承自己卖身而鄙视我吗？不会，我知道，你不会鄙视我。我知道，这一切你全都明白。你也明白，我这样做只是为了你，为了另一个你，为了你的孩子。在产科医院的那间病房里，我了解到贫穷的可怕，我知道，在这个世界上，穷人总是任人践踏、任人凌辱，永远是被牺牲的一群。所以，我绝不能让你的孩子，让那个聪明美丽的孩子沉沦在充满社会渣滓、粗俗下流的陋巷之中，绝不能让他在充斥着脏污空气的后院中长大。他那娇嫩高贵的嘴唇，不应该说低俗的语言；他那白净的身体，不应该穿上穷人家发霉皱缩的衣服。你的孩子应该拥有一切，应该享有人世间所有的财富，所有的荣华富贵。他应该跟你过同样高级的生活，应该生活在你的世界里。就只是因为这个缘故，我的爱人，我出卖了自己的肉体。其实，对我来说，这并不算是什么牺牲，一般人所谓名誉、耻辱的东西，对我来说根本毫无意义。我的身体只属于你一个人，既然你不爱我，不管我的身体发生了什么事，我都觉得无所谓。男人的爱抚，甚至他们最热烈的激情，都无法打动我的心灵。他们当中也有些人让我不得不深表尊敬，而且我也很同情他们的爱情得不到回馈，因为这使我想起自己悲惨的命运。我所认识的这些男人，对我都很体贴。他们都宠我、惯我、尊重我。尤其是那位伯爵，他是个上了年纪的鳏夫，为了让这个没有父亲的孩子，让你的儿子能够进德莱瑟中学就读，他四处奔走，托人说情。他爱我，就像爱他自己的女儿。他三番两次向我求婚，如果我答应了，现在可能已经当上伯爵夫人，在一座迷人的城堡里扮演女主人的角色，过着无忧无虑的生活。孩子将会有和蔼可亲的父亲疼爱，而我身边也会有一个性情平和、举止高贵、心地善良的好丈夫。可是，无论他如何恳求，无论我的拒绝如何一再伤他的心，我始终没有答应他。也许我这么做是愚蠢的，否则，我现在可能已经在某个地方过着平静安详的生活，而我那惹人怜爱的孩子也会好好地和我在一起。可是，我得跟你坦承，我不希望自己被某个人拴住，我要随时为你保持自由之身。在我内心深处，在我的潜意识里，我还留着往日少女时代的梦：说不定有一天，你还会再次呼唤我到你的身边，哪怕只是一个小时也好。而为了这个随时可能发生的短暂相会，我拒绝了所有追求者的求婚，因为这样，我才能够一听到你的呼唤，就马上去到你的身边。我从童年的幻梦中清醒过来以后，我全部的人生除了等待你的召唤，还剩下什么呢？

"终于，我所企盼的那个时刻来临了。可是，亲爱的，你并不知道，也没有意识到！因为，即使到了那个时刻，你还是没有认出我来。你永远、永远、永远都认不出我来了。其实，在这之前，我已经遇见你很多次，在剧院里，在音乐会上，在公园里，在街上。每次看到你，我的心都会狂跳不止，可是，你的眼光却只是轻描淡写地从我身上扫过。从外表上看起来，我的样子已经完全变了，那个腼腆的小姑娘，已经蜕变成一个女人，就像他们说的，娇艳妩媚，打扮得高雅脱俗，而且被一群爱慕者簇拥着。你怎么想象得到，我竟然会是当年那个在你灯光昏暗的卧室里羞怯的少女。有时候，我的伴侣认识你，向你问好。你回礼的同时，眼睛也注视着我，就像是一个客气的陌生人，眼神里只有赞赏，从来没有一丝一毫的熟识。我们虽然近在咫尺，却好像相隔千里！虽然，那个时候，我几乎已经习惯了这个事实，习惯了你总是认不出我。可是，有那么一次，你我之间的疏离让我痛彻心扉，到现在都还记忆犹新。当时，我和一个朋友坐在歌剧院的包厢里，而你刚好就在隔壁的包厢。演奏序曲的时候，灯光变暗了，我没办法再看清你的脸，只感觉到你的气息就在我的身边，就跟那天夜里我们躺在一起的时候一样，那么亲近。而你的手，你那秀气纤细的手，正好靠在我们包厢之间铺着天鹅绒的栏杆上，使我不禁产生一股强烈的欲望，想俯下身去谦卑地亲吻一下那只我深爱的手，那只曾经温柔爱抚过我的手！激情的音乐一直在我耳边萦绕，挑动了我的心弦，我的欲望越来越强烈，我热情的双唇越来越渴望亲吻眼前那只手。我必须拼命挺起身子，拼命控制自己，才不至于出丑。因此，第一幕戏一演完，我立刻要求朋友和我一起离开剧院。我实在无法忍受，在黑暗中和你那么的贴近，却像陌生人一样疏离。

"可是后来，我又得到了一次相同的机会，那也是我这混乱的一生中最后一次机会。差不多是在一年前，你生日的隔天。很奇怪，我还是时时刻刻都会想念你，因为我总是把你的生日当成节日一样的庆祝。那天，我一大早就出门去买了一些白玫瑰花，像以往一样，请人送去给你，以纪念那个你早已遗忘的热情时刻。下午，我和孩子一起乘车去咖啡馆，晚上带他一起上剧院。我希望，孩子从小就能够感受到这个日子是神秘而充满朝气的纪念日，虽然他并不知道它的意义。第二天，我和我当时的情人待在一起，他是布律恩区一个年轻有钱的商人。当时，我已经和他同居两年了。他很宠我，对我体贴入微，跟其他人一样，他也想和我结婚。他是一个有点呆板、柔顺亲切的可爱男人，送了一大堆礼物给我和孩子,可是,我还是像拒绝其他人一样拒绝了他的求婚,没有任何特别的理由。

"我们一起去听音乐会,在那里遇到了一些精力旺盛的朋友,然后,我们一大群人一起到环城路的一家餐厅吃晚饭。席间,在笑语闲聊之中,我建议大家再到泰柏林的一家舞厅跳舞。其实,我一向对这种灯红酒绿、花天酒地的场所很反感,平常,要是有人建议到那种地方去,我一定反对。然而这一次,我心里好像有一股难以解释的神秘力量,驱使我违背自己的意志,在大家兴高采烈的当时提出这样的建议,在座的人都很兴奋地表示赞成。突然,我感到有一种无以言喻的强烈渴望,仿佛那里会有什么特别的事情在等着我。大家迅速地站起来,像往常一样顺着我的意思,接着我们就到舞厅去,一起喝着香槟。很快的,我的心突然被一种狂躁的感觉淹没,一种几近痛苦的兴奋情绪。这是一种我从来没有经历过的感觉。我一杯接着一杯地喝酒,跟着他们一起唱些下流挑逗的歌曲,心里一直克制不住冲动,只想跳舞,只想欢呼。可是,突然间,仿佛有某个冰冷或火烫的东西落在我的心头,我整个人都崩溃了。你和几个朋友就坐在邻桌,正用赞赏和渴慕的眼光看着我,那个眼神总是挑起我心底最真挚的感情。十年来第一次,你又一次用你那天生的、不自觉的激情魅力盯着我。我浑身颤抖,手里的杯子差一点掉了。幸亏同桌的人都没有注意到我的失态,哄笑声和音乐的喧闹声掩盖了我的失态。

"你的眼神变得越来越热情,看得我浑身发烫,坐立不安。我不确定,到底你终究会认出我,或只是又把我当成另一个陌生的女人,另一个想追求的新欢?热血一下子涌上我的脸颊,我心不在焉地响应朋友们的谈话。很明显的,你一定已经留意到,你的眼神扰乱了我，使得我心神不宁。你做了一个不容易被察觉的动作，轻轻地向我点头暗示，要我到大厅去一下。接着，你故意用夸张的动作付账，然后跟你的伙伴告别，走了出去，离开前，你再一次向我暗示，你会在外面等我。我浑身颤抖，好像全身发冷，又好像在发高烧，我没办法开口说话，也没办法控制我激烈的血液。刚好在这个时候，有一对黑人舞者把脚后跟踩得噼里啪啦响，嘴里大声尖叫着，跳起一种奇怪的新式舞蹈。大家都转头看他们，我趁这个机会站了起来，对我的男朋友说，我出去一下，马上回来。然后，我就跟在你后面走了出去。

"你就站在外面的大厅里，站在衣帽间前面等我。我一出来，你整张脸都亮了起来。你面带微笑，快步迎了上来。我马上就发现，你并没有认出我来，没有认出我是当年那个小女孩，也没有认出我是后来的那个少女。你又一次把我当成初次相遇的女人，当成一个素不相识的女人来追求。'我是不是可以占用你一点时间呢？'你很有自信地问我。从你那种很有把握的姿态，我可以感觉到，你把我当成夜间卖笑的女人了。

"'好啊！'我说。十多年前，在幽暗的马路上，那个年轻的少女也是用这种颤抖的声音回答你：'好啊！'

"'那么，我们什么时候可以见面呢？'你问。

"'您什么时候想见我都可以。'我回答。在你面前，我是不会感到羞耻的。你有些惊讶地看着我，就像上次我立刻就答应你的时候一样。你惊讶之余，还带着一点怀疑和好奇。

"'现在可以吗？'你有点迟疑地问。

"'可以，'我说，'没问题。'

"我本来打算到衣帽间去拿我的大衣，可是，我突然想起来，我和我男朋友的大衣是一起寄放的，收据还在他那里。回去向他要收据，势必要大费周章向他解释。再说，我也不愿意放弃和你在一起的机会，这可是我多年来梦寐以求的。所以，我一刻也不迟疑，只在晚礼服上披了一条披肩，就这样走到外面阴冷潮湿的黑夜，把我的大衣抛到脑后，也把那个温柔多情的好人抛到脑后。这些年来，都是他在维持我的生活，而我却当着他朋友的面，把他当成傻瓜一样耍了。一个陌生男子随便一招手，他供养了两年的情妇竟然就这样跟着跑了。噢，我内心深处很清楚地意识到，自己是多么的忘恩负义。我对一个忠诚的朋友所做的事情是多么卑鄙恶劣。我觉得，我的行为非常荒谬可笑，而我愚蠢的行为，深深伤害了这个善良的人，留下永远无法磨灭的创伤。我可以感觉到，我把自己的生活彻底毁掉了。可是，我是那么热切地想要再一次亲吻你的嘴唇，想要再听听你在我耳边温柔的甜言蜜语，相形之下，对我来说，友谊又算得了什么？我的存在与否又算得了什么？我是这么爱你，如今，一切都已经消逝，一切都过去了，所以，我才会告诉你这些话。就算我已经躺在病床上奄奄一息，我相信，只要你一声呼唤，我也会突然涌出力量，站起来，跟着你离去。

"大门外刚好停着一辆出租车，于是我们上了车，直接到你的住处去。我再次听到你的声音，我又感觉到你温柔地贴近我。我和从前一样，感到目眩神迷，感到天真的欢乐，感到自己被你的柔情淹没。相隔十多年了，我是怀着什么样的心情再一次爬上楼梯。喔，不，不，我无法向你形容当时的心情。在那一瞬间，我忽然对每一件事产生了双重的感受，过去和现在的影像交叠着。恍惚之间，我真正感觉得到的，永远只有你。你的房间没有太大的改变，只是多了几张画，多了几本书，有的地方换了几件家具，可是，在我看来，一切还是那么的熟悉。书桌上摆着一只花瓶，里面插了几朵玫瑰花，那是我买的玫瑰花，是前一天你过生日的时候，我派人送来给你的，为了纪念一个早已被你遗忘的女人。然而，即使在此刻，她就在你身边，紧握着你的手，紧紧地拥着你，尽情地吻着你，你还是认不出她来。不过，看到你养着这些花，我就很满足了。这样一来，你的生活和我的生命就有了某些联系，而我爱情的气息也会围绕着你。

"你把我紧紧搂在怀里。我又在你那里度过了一个销魂的夜晚。可是，即使我赤裸着身体，你也没有认出我是谁。我尽情地享受你那熟练的温存和爱抚，我发现，不管是对情人或是对妓女，你所展现的热情是一样的，没有差别。而你的本性本来就是肆无忌惮放纵你的情欲，挥霍你的情感。你对我是如此温柔体贴，对一个在舞厅偶然相遇的女人是这样温文儒雅，这样有礼，然而，你同时又能够纵情地享受激情。当我陶醉在过去的幸福中，那一刹那，我又再次感受到你那种独特的双重性格：在你充满自觉、智慧的感情中，却又带着肉欲享乐的激情。当我还很小的时候，你的双重性格就俘虏了我。我从来没见过一个男人在做爱的时候那么投入，那么放纵自己，甚至把自己内心深处的感情披露无遗，可是事后，竟然也把一切从记忆中永远抹去，简直是不近人情的遗忘。不过，我也不知道自己到底是谁了。在黑暗中，躺在你身边的我究竟是谁？是过去那个渴望和你亲近的小女孩，还是你孩子的母亲，或是一个陌生女人？噢，在这个激情的夜，一切是如此的熟悉，就和昔日的情景一样，却又充满了令人欣喜的新鲜感。我向上天祈祷，但愿这一夜永远持续下去。

花,我不知道是谁送的,所以我才这么喜欢。'

"我盯着你:'也许是某个被你遗忘的女人送的吧!'

"你似乎相当惊愕。我目不转睛地注视着你。我的眼神乞求着你:'认出我来,一定要认出我来!'可是,你的眼睛亲切地微笑,对于我的暗示浑然无觉。你又吻了我一下。你终于还是没有认出我来。

"我快步走向门口,因为我感觉到,我的眼泪就要夺眶而出了,我不想让你看见我落泪。出去的时候,我走得太急了,走到前厅时,我几乎和你的仆人约翰撞个满怀。他迅速而谨慎地让开,然后帮我拉开前门,让我出去,然而,就在这一秒钟,你有在听吗?短短的一秒钟,当我噙着泪水,看着这个苍老的老人,那一瞬间,他的眼睛突然闪出熟识的光芒。就在这一秒钟,你仔细听,就在这一瞬间,老人认出我是谁了。自从我搬家之后,他就再也没有见过我,而他竟然认出了我。我恨不得跪倒在他面前,吻他的双手,因为他认出我了。然而,我只是把那些使我万分痛苦的钞票匆忙地从手套里掏出来,塞在他手里。他浑身颤抖、惊慌失措地看着我,也许,在这一秒钟,他对我的了解比你一辈子对我的了解还多。每个人都迁就我、宠爱我,大家都对我很好,只有你,只有你把我忘得干干净净,只有你,只有你从来不曾记得我!

"我的孩子昨天死了,我们的孩子。除了你,现在我在这世界上再也没有别的人可以爱了。可是,你是我的什么人呢?你从来也没有认出我是谁,你从我身边走过,就好像是跨过一道河水。你把我踩在脚下,就像是踩着一块石头一样。你总是一直往前走，丢下永远守候的我。曾经有一度，我以为把你抓住了，在孩子身上抓住飘忽不定的你。可是，他毕竟是你的儿子，一夜之间，他就残忍地丢下我走了，自顾自地到外地去旅行。他也把我遗忘了，永远都不会回来了。我又是孤零零的一个人，比过去任何时候都还要孤单。我一无所有，你身上的东西我一样也没有。再也没有孩子，没有一句话，没有你的笔迹，没有任何记忆中的位置。即使有人在你面前提到我的名字，我相信，你就像听到陌生人一样没有任何感觉。我对你来说，虽生犹死，我为何不干脆死了算了？既然你已离我而去，我为何不远远地走开？不，亲爱的，我不是埋怨你。我并不是想把我的悲苦丢进你充满欢乐的生活里。别担心，我不会再来烦你了。请原谅我，此时此刻，我必须一吐我心里的积怨，因为，我的孩子死了，孤独地躺在那里，没有人理睬。就这一次，我必须和你谈一谈，然后，我会安静地回到我的黑暗里，就像这些年来我一直默默地待在你的身边。可是，只要我活着，你永远也听不到我的哭喊。只有等我死去，你才会收到我这份遗书，这份来自一个女人的遗书，她爱你胜过所有的人，而你从来也没认出她。她始终在等着你，可是你从来不曾召唤她。也许，也许你以后会想召唤我，而我将无法再忠心耿耿地响应你了，因为我已经死了，再也听不到你的呼唤了。我没有留给你半张照片，没有给你留下一个印记，就像你什么也没有留给我。今后，你将永远也认不出我，永远也认不出我。活着的时候，我的命运是如此，死后，我的命运也是一样。我不会要你在我临终之前来看我。我要走了，你并不知道我的姓名，也不知道我的长相。你在遥远的地方，不知道我即将死去，这样我才能死得轻松。如果我的死亡会带给你痛苦，我就无法安心地死去。

"我再也写不下去了……我觉得脑袋好沉重……我的四肢疼痛，我正在发烧。我想我必须马上躺下来。也许，过一会儿，这阵痛苦就会过去，也许老天爷会对我开一次恩，我用不着亲眼看着他们把孩子抬走……我实在写不下去了。永别了，亲爱的，永别了。我要谢谢你，不管一切事情如何演变，过去那样子就很好了。直到我咽下最后一口气为止，我都要感谢你。我很好，因为，要说的我都说了，你现在知道了，不，你只是感觉到，我是多么地爱你。而我最安慰的是，我没有连累到你。你美好光明的生活不会有一丝一毫的改变。我的死也不会增添你的痛苦……亲爱的，这让我感到很安慰。

"可是谁……谁还会在你每年生日时送你白玫瑰呢？啊，花瓶将要空空地摆在那里。一年一度在你四周吹拂的微弱气息，我轻微的呼吸，也将就此消散！亲爱的，听我说，我请求你……这是我对你的第一个也是最后一个请求……请为我做这一件事，每年生日的时候，在那个每个人总会想到自己的日子里，去买一些玫瑰花，插在花瓶里。照我说的去做吧，亲爱的，就像别人一年一度为纪念死去的心爱的人所做的弥撒一样。可是，我已经不再相信天主了，我不要别人帮我做弥撒，我只相信你，我只爱你，只想在你身上继续活下去……唉，一年就只活那么一天，就像我从前活在你的身边一样……全然寂静地活着。我求你，照我说的去做，亲爱的。这是我对你的第一个请求，也是最后一个请求。我感谢你……我爱你，我爱你……永别了。"

他颤抖着双手，把信放下。然后他凝神沉思，想了很久。他模模糊糊地回忆起一个邻家的小女孩，一个少女，一个夜总会的女人,可是这些回忆模糊不清,混乱不堪,就像哗哗流淌的河水底下的一块石头,闪烁不定,变幻莫测。阴影不断涌来,又倏忽散去,终究无法拼出完整的图形。他勾起一些情感上的回忆,却怎么也回想不起来。他似乎梦见过所有这些影像,常常在深沉的梦里见到,然而,也只是梦见而已。

  他的眼神忽然落到前面书桌上的那只蓝花瓶上。瓶里是空的,这些年来,第一次在他生日这一天花瓶是空的,没有花。他悚然一惊,仿佛觉得有一扇看不见的门突然被打开了,阴冷的气流从另外一个世界吹进了他宁静的房间。他感觉到死亡,感觉到不朽的爱情,百感千愁一时涌上他的心头,他隐约想起那个看不见的女人,她飘浮不定,然而热烈奔放,犹如远方传来的一阵乐声。

象棋的故事

午夜十一点，这艘大邮轮就要从纽约起航，开往布宜诺斯艾利斯。起航前的时刻，船上就像往常一样，人潮汹涌，喧腾扰攘，一片混乱。前来送行的人努力从人群中挤开一条路，和朋友道别。送电报的男孩歪戴着帽子，在大厅里东奔西跑，高喊旅客的名字；一箱箱的行李、一束束的鲜花被送到船上，孩子们瞪大眼睛，一脸好奇地在甲板通往船舱的楼梯间跑上跑下。甲板上，乐队依旧气定神闲地演奏着，仿佛对四周的喧闹视若无睹。我避开拥挤的人群，站在旅客比较稀少的散步甲板上，和一个朋友聊天。当时，似乎有摄影机的闪光灯在附近闪了几下，显然，船上来了某个大人物，新闻媒体抢着在开船之前访问拍照。

朋友转头看了一下，笑了笑说："嘿，船上可来了一个稀有的怪客，那个人是琴多维奇。"看我一脸茫然的样子，显然不知道他说的人是谁，于是他又继续说："梅克·琴多维奇，世界国际象棋冠军，他马不停蹄地跑遍全美国，参加国际象棋大赛，从东岸一路征讨到西岸，打败无数高手，现在，他就要到阿根廷去，迎接另一次胜利的荣耀。"

老实说，我对这位年轻的世界棋王没什么印象，也没有听说过他如流星般蹿起的传奇生涯。我的朋友平常就比较注意报纸上的小道消息，因此，对于名人八卦、轶闻琐事都能够信手拈来，如数家珍。大约一年前，琴多维奇以闪电般的速度在棋坛上崭露头角，声名如日中天，不下于历史上早期的国际象棋大师，如阿廖辛、卡帕布兰卡、塔尔塔柯威尔、拉斯科、波哥留勃夫等前辈。一九二二年，十岁的雷斯赫夫斯基在纽约举行的世界国际象棋大赛上一举成名，从此以后，再也没有人能够像他一样，从默默无名的小子，在极短的时间里迅速崛起棋坛。直到琴多维奇出现，才再度造成另一股旋风，震惊棋坛。其实，从琴多维奇所表现出来的智能，没有人能够料到他在国际象棋上会有如此惊人的成就。琴多维奇有一个不为人知的秘密，很快就传遍了世界：原来，在日常生活中，这位世界棋王连句子都写不好，几乎很难得有一个字拼得正确。有个愤愤不平的棋手冷嘲热讽地说："除了下棋以外，他在各方面的表现近乎白痴，根本就是无知。"琴多维奇出生在南斯拉夫南部，他的父亲是一个穷苦潦倒的船夫，在多瑙河沿岸摆渡维生。有一天晚上，他父亲的小船被一艘满载谷物的大驳船撞沉了。父亲死后，他们那个偏僻小村子的神父看他很可怜，就收留了这个十二岁的小男孩。小琴多维奇额头很宽，沉默寡言，反应迟钝，送他到村子里的学校上课，他似乎学不来，因此，好心的神父只好让他留在家里，很尽心地教他读书识字，弥补他失学的不足。

  可惜，无论神父怎么努力，也无济于事。神父历经千辛万苦，教梅克学字母，教了几百次，梅克还是眼神呆滞地望着那些字母，仿佛从来没有见过。他脑筋迟钝，全无记性，无论什么科目，再怎么简单他还是记不住。一直到了十四岁，他还要扳手指头算数字。眼看着这个大男孩就要变大人了,却连读书看报都还十分费劲儿。然而,没有人会说他脾气古怪或冥顽不化,因为,他真的很听话,提水、劈柴、下田干活、打扫厨房,叫他做什么,他就做什么。别人交代的事,他一定不辱使命,尽管动作实在慢得让人忍不住要发脾气。然而,最让这位好心的神父恼火的,却是这个怪异的年轻人似乎对什么都漠不关心。除非别人特意叫他做点事,否则他就整天无所事事。他从来不问问题,也不跟别的小孩子玩,如果别人不清清楚楚告诉他要做什么,他都永远不会自己去找事做。家里的杂事做完之后,梅克就坐在家里发呆,一脸茫然地盯着四周的墙壁,活像草地上的绵羊,埋头只顾着吃草,对周遭的一切无动于衷。每天傍晚,神父总是叼着乡下农夫的长烟袋,摆起国际象棋盘,和警察局的巡官厮杀三回合。这个金黄头发的小伙子老是不吭一声地蹲在旁边,半睁着沉重的眼皮,一副没睡饱的样子,漫不经心地看着棋盘上的方格子。

一个冬天的夜晚,这两个老朋友就像平常一样,埋首棋盘,杀得浑然忘我。这个时候,街上传来雪橇的铃声,一辆雪橇沿着村子的街道风驰电掣,越跑越快,朝神父家飞奔而来。一个农夫匆匆忙忙地跑进来,头上的帽子盖满了雪花。他的母亲已经奄奄一息,他请求神父赶紧到他家里去,趁母亲还有一口气的时候,为母亲举行临终涂油礼。神父毫不犹豫,立刻就跟他走了。当时,巡官杯子里的啤酒还没有喝完。他点起一袋烟,穿上长筒毛皮靴,准备回家。这时,他忽然发现,梅克目不转睛地盯着棋盘,盯着那盘未下完的棋局。

"怎么了,小伙子,想下完这盘棋吗?"巡官半开玩笑地问他,根本就认定这个睡眼惺忪的小伙子连棋子怎么走都不知道。男孩有点害羞地抬头看看他，点了点头，然后，坐到神父的位子上。才走了十四步，巡官就被杀得毫无招架之力，而且，他不得不承认，他不是因为不小心才输掉这盘棋。第二盘，结果还是一样。

"巴兰的驴子开口说话了！"神父回到家之后，惊讶得大叫起来。接着，他告诉那个不太熟悉《圣经》典故的巡官：根据《圣经》里的记载，两千多年前也曾发生过一次类似的奇迹，一个不会说话的人突然开口说话，言语中绽露着智慧的光芒。尽管夜已深沉，神父还是抗拒不了内心的诱惑，硬要那个半文盲的学生陪他厮杀一盘。梅克一样不费吹灰之力就把他杀得溃不成军。他的棋路顽强、缓慢、冷静，始终低垂着额头宽阔的脑袋，盯着棋盘，头抬也不抬。他的棋下得很沉稳，没有半点破绽。接下来的几天，无论神父或是巡官怎么努力，仍没有一盘棋能够赢他。神父心里比谁都清楚，他这个徒弟在其他方面都很低能，然而，现在他比任何人都好奇，不知道这种单方面的奇特天赋能不能经得起更严厉的考验。神父把梅克带到村子的理发师那里，把他那一头凌乱不堪，像稻草一样的黄头发修剪整齐，帮他打扮打扮，让他看起来像个人样。然后，他驾着雪橇，载着梅克到附近的小镇。神父知道，小镇的大广场有一家咖啡馆，里头有个角落经常聚集着一群真正的国际象棋好手，随便哪一个都比自己强得多。神父把这个满头黄发、脸颊通红的小伙子推进咖啡馆时，里头的客人起了一阵不小的骚动。这个十五岁的年轻人身上反穿着羊皮大衣，脚上穿着沉甸甸的长筒皮靴。他怯生生地一个人站在角落里，眼睛看着地板，连头都不敢抬起来。后来，有人把他叫到一张国际象棋桌旁边，要他下棋。第一盘，梅克输掉了，因为，他和好心的神父下棋时，从来没有见识过所谓的"西西里开棋法"。第二盘，他就和在场最厉害的棋手打成了平手。从第三盘、第四盘开始，在场的棋手轮番上阵，结果一个一个都败在他手里。

南斯拉夫南部的乡下小镇，很难得发生什么令人振奋的事。因此，对在场围观的民众来说，这个初出茅庐的乡下小伙子居然一举打败了所有的高手，成为新的棋王，真是惊天动地的大事。当时，所有的人一致决定，无论如何，一定要把这个小神童留下来过夜，以便把国际象棋俱乐部其他的会员找来，更重要的是，这件消息一定要赶快传到城堡里，让老伯爵西姆奇克知道。老伯爵也是个狂热的棋迷。神父看着自己的养子，内心油然生出一种前所未有的骄傲。发现自己的孩子是个天才，当然很开心，不过，他不能因此就忽略了自己的职责。他还得赶回村子，主持星期天的主日弥撒。最后，他答应让梅克自己一个人留在镇上，接受进一步的考验。棋手们出钱，让小梅克住在旅馆里。那天晚上，梅克生平第一次看到抽水马桶。隔天是星期天，午饭后，旅馆的国际象棋室挤满了人。连续四个钟头，梅克一直坐在棋桌前面，不发一语，始终低着头，一动也不动。一个接一个，在场的国际象棋高手被他杀得全军覆没。后来，有人提议来一场"围剿战"。大伙儿费了不少唇舌，好不容易才让这个反应迟钝的小伙子明白，所谓的"围剿战"，就是要他同时和好几个棋手对战。他一弄懂这种棋戏的规则之后，立刻就接受了挑战。他踩着沉重的步履，从一张桌子移到另一张桌子，皮靴在地板上发出嘎吱嘎吱的声响。他同时和八个人对战，只输了一盘。

国际象棋俱乐部的成员立刻展开热烈的讨论。严格说来，这位新诞生的棋王并不是镇上的一分子，不过，至少他已经唤起了吾国吾民的共同情感与荣誉感，镇上的人都把梅克视为自己人。

没想到地图上可能很难查到的无名小镇,有一天会破天荒地诞生一个名人,走上世界的舞台,使它也跟着扬眉吐气,沾上光彩。有一个名叫柯勒的经纪人,平常只能做做军方的生意,介绍一些没什么名气的女演员、女歌星到营区里的俱乐部表演,这一次,他向镇上的人宣称,只要有人愿意提供一年的补助,他愿意带这个年轻人到维也纳去,向一个他认识的世界棋王拜师学艺,学习国际象棋的种种窍门与奥秘。六十多年来,老伯爵西姆奇克几乎天天下棋,却从来没有遇到过梅克这样奇特的对手,因此,他立刻毫不犹豫地捐出这笔巨款。那个星期天,这位船夫的儿子就此宏图大展,展开他震惊世人的棋手生涯。

半年后,梅克就洞悉了国际象棋的奥秘,技巧出神入化。不过,他却有一个奇特的弱点,后来渐渐传遍整个国际象棋界,饱受众人的冷嘲热讽。原来,琴多维奇无法在脑海中下棋,光凭记忆,他恐怕连一盘棋也下不了,套句行家的话,他根本不会下盲棋。他缺乏想象力,没有能力在大脑无远弗届的思维空间里想象一面棋盘。他眼前一定要摆着一面画了六十四个方格的白色棋盘,以及三十二个棋子,他才有办法下棋。即使当他名满天下的时候,他还是随身携带着一副折叠式的袖珍国际象棋,这样一来,当他在棋场上和对手一争高下,或是遇到难解的局面时,就可以把小棋盘拿出来,眼睛看着棋子,思考下一步。这虽然是个微不足道的小瑕疵,却足以显示出他缺乏想象力,因而在国际象棋的小圈子引发一些蜚短流长,就好像一个杰出的演奏家或指挥家,如果光凭记忆不看乐谱,就无法演奏,一样会引来闲言闲语。

然而,这个古怪的小毛病阻挡不了梅克在棋坛上平步青云,蹿升为耀眼的巨星。十七岁时,梅克已经夺得十几场国际象棋比赛的锦标，十八岁更成为全匈牙利的冠军，到了二十岁，他登上了世界国际象棋冠军的宝座。他的对手绝大多数都是顶尖的高手，他们无论在心智、想象力和气魄上都远远超过他，可是，碰到他那种坚毅冷酷的思考逻辑，还是纷纷败下阵来。就好像拿破仑败给了笨拙迟钝的科图索夫，而汉尼拔大帝敌不过菲比斯·康克塔特一样。

根据古罗马历史学家利瓦伊的记载，康克塔特和梅克很像，从小就表现出漠然和笨拙的特质。在国际象棋史上，我们可以在历代的大师身上看到各种不同类型的心智能力，他们集哲学家与数学家的特质于一身，精于计算，充满想象，有着与生俱来的创造力。没想到，国际象棋的殿堂，居然闯进一个异端分子，一个举止笨拙、愣头愣脑的乡下小伙子，跻身在历代心智卓越的大师行列里。就连那些最狡猾的记者也休想从他嘴里套出半句有意义的话，好用来刊登在报纸上。虽然，琴多维奇说不出什么警世名言，他本身的妙事趣闻却大大弥补了记者们的遗憾。在棋桌上，琴多维奇是毋庸置疑的大师，然而，一离开棋桌，那些阴阳怪气的行径，就无可避免地成为众人的笑柄，他也就几乎成了让人发笑的小丑。尽管他身上穿着高级的黑礼服，打着华丽的领带，上面还别了一枚镶着珍珠的、有点刺眼的领带夹，指甲也修剪得细致平整。可是，外表打扮得再光鲜亮丽，他的言行举止显示出，他依然是那个土里土气的乡下小男孩，不久之前还在村子里帮神父打扫房间。他仗着自己的天赋和名气，拼命赚钱，能赚多少就赚多少，拿钱的动作笨手笨脚，粗鲁的本性表露无遗。那种贪得无厌的模样，国际象棋界的同好看在眼里，都感到既可笑又愤慨。他巡回各地参加比赛，从一个城镇到另一个城镇，总是住在最便宜的旅馆里。只要有人肯付钱,再怎么破烂寒碜的俱乐部请他去下棋,他都来者不拒。他同意厂商把他的肖像印在肥皂的广告上,甚至同意别人花钱借用他的名义,出版了一本叫作《国际象棋哲学》的书,完全不理会对手的冷嘲热讽。大家都心知肚明,这个家伙连三个像样的句子都写不出来,更别说写书了。实际上,那本书是一个很有生意眼光的出版商,请加里西亚一个默默无名的穷大学生写的。绝大多数性情坚忍的人都不懂得什么叫作可笑,琴多维奇也不例外。登上世界棋王的宝座之后,他就自以为是世界上最重要的大人物了。他认为自己打败了所有头脑聪明、学识丰富的演说家和作者,认为自己在他们那一行比他们更强,而且,最重要的是,他赚的钱比他们还多,种种想法使他由一开始的局促不安,变成虚张声势的冷漠傲慢。

"其实,在短短的时间里就名满天下,怎么可能不冲昏他那个空洞的脑袋?"最后,我的朋友举了几个典型的例子,说明琴多维奇的自我膨胀,纯粹是一种孩子气的虚荣心。他说:"一个来自巴那特的二十一岁乡下小伙子,只要在木制的棋盘上移动几颗棋子,一星期就能够赚进一大笔钱,比村里所有的人一整年砍木材做苦工赚的钱还多,你说,他怎么可能不变得虚荣呢?再说,如果你从来不知道这个世界上有过林布兰特、贝多芬、但丁和拿破仑这样的人物,难道你不会很容易就以为自己很伟大吗?这个小伙子的智能有限,他的脑袋里只有一个念头,那就是接连好几个月,他没有输过一盘棋,而且,他根本不知道,这个世界上除了国际象棋和金钱之外,还有其他有价值的东西,因此,他的自我陶醉一点也不稀奇。"

听完朋友的话,我不禁对这个怪异的天才感到十分好奇。

我一向对形形色色的偏执狂很感兴趣，所谓的偏执狂就是那些沉溺在某种单一想法里的人。因为，一个人越是把自己局限在狭小的范围内，从另一个角度来说，他也就越接近无限。表面上看起来，他们这种人对周遭的一切漠不关心。他们就像白蚁一样，用独一无二的材料，为自己建构了一个非比寻常、完全属于自己的世界。这艘船起航之后，下一站将停靠在里约热内卢，航程预计十二天。因此，我毫不掩饰地告诉朋友，我打算利用这段时间，好好研究这个怪人，把这个只有单方面智能的特殊样本，放在显微镜底下仔细观察。

"你可别太乐观，"我的朋友提醒我，"据我所知，到目前为止，还没有人能够从琴多维奇嘴里套出半点可供心理分析的材料。这个狡猾的乡下小伙子表面上看起来笨得无可救药，其实骨子里聪明绝顶。他只运用一种简单的方法，就把自己防卫得滴水不漏。他的方法，就是只和出身背景相同的南斯拉夫乡亲谈话。他会到船上的小酒吧去找和他一样的人聊天。他和别人接触时，只要一察觉到对方是受过教育的人，就会像乌龟一样缩回自己的壳里。这样一来，就没有人能够到处吹嘘，说他又听到琴多维奇说了什么傻话，也没有人可以大肆宣扬，琴多维奇是一个大草包，完全没有教养。"

事实上，我的朋友料得很准。在船开航之后的第一天，我就发现，除非你用很粗鲁的方式，死缠烂打，否则，你根本不可能接近他。偏偏我根本就不是那种死缠烂打的人。有时候，你会看到他在船舱最上层的散步甲板上溜达，两手叉在背后，一副顾盼自雄，不可一世的姿态，活像画像里的拿破仑。此外，他绕着甲板散步的时候，速度飞快，如果你想和他说几句话，几乎要跑着才追得上他。而且，他从来不到船上的大厅、酒吧和吸烟室。我向船上的服务员打听，才知道他大部分的时间都待在自己的房间里，面对一张大棋盘，演练棋局，仔细研究每一步棋。

　　三天后，我开始按捺不住了。他那种高超的自我防卫技术，远超过我企图接近他的决心。这辈子，我一直没有机会和一个国际象棋王面对面接触。我内心的渴望越来越强烈，渴望分析琴多维奇这种类型的怪人，我越来越觉得，他那种奇特的思考模式真是非常不可思议。这个人居然能够花上一辈子的时间，把自己的头脑局限在狭小的空间里，守着六十四个黑白方格。根据我的经验，我完全了解这种被称为"帝王游戏"的国际象棋所具有的神秘魅力。在人类所发明的各种游戏中，只有国际象棋不是靠偶然的运气来决定胜负。唯有靠着智慧，或者某种特殊的心智能力，才能够在国际象棋的游戏中戴上胜利的桂冠。然而，把国际象棋称为一种游戏，难道不会矮化了国际象棋，侮辱了它的高贵吗？国际象棋不也是一种科学、一种艺术，一种介于两者之间、难以界定的东西吗？就仿佛穆罕默德的灵柩悬宕在天地之间一样。国际象棋难道不是一种独一无二的混合体吗？它包含了种种矛盾，既古老，却又无比新奇。它的基本结构是机械的，不过，必须靠着人发挥想象力才能够发挥作用。它受限于范围狭窄的几何空间，然而，组合方式却有无限的可能。它的发展永无止境，却又不可能带来任何成果。它是没有结论的思想，没有答案的数学，没有作品的艺术，没有实体的建筑。尽管如此，事实已经证明，比起世上一切书本和创作，这种游戏在本质上更经得起时间的考验，历久不衰。唯有国际象棋突破了种族与时空的藩篱，属于每一个时代、每一个民族。没有人知道，上帝把国际象棋赐给人类,究竟是为了给我们消遣解闷、磨炼智慧,还是为了鼓舞我们的精神。它从何而来,又将如何结束?

国际象棋的规则非常简单,连小孩子也学得会,任何一个生手都可以试试看。然而,能够纵横在那些永恒不变的狭小方格里的人,必须是特殊的天才。这些人拥有独一无二的国际象棋禀赋,拥有特殊的天分。他们所拥有的想象力、耐心和技巧,就像数学家、诗人和音乐家一样,只有程度的不同,组合结构的不同而已。

过去有一个时代,相术的研究十分流行。当时,像加尔医师(德国人,"颅相学"的创始人)这样的人可能会把某个国际象棋大师抓来,剖开脑袋,看看这些天才的灰色大脑里,是否有特殊的纹路,是否有某种国际象棋肌理或国际象棋瘤块,是否和一般人的脑壳有明显的差异。像琴多维奇这种天才,必然会让加尔医师之流的骨相学家趋之若鹜。这个人的智能几近于停滞,却显现出特殊的天分,就像巨大的岩石中,有一丝黄金矿脉一样。

原则上,我一直很清楚一个事实,那就是,时间证明,这么独特、精巧的游戏必然会产生独特的高手。然而,我还是很难想象,甚至无法想象,一个头脑灵活的人会把自己的一生局限在狭窄、由线条所构成的黑白方格的世界里;我无法想象,前后左右移动三十二颗棋子,居然能够成为某些人的终生志业;我无法想象,居然有人因为用一种新的开棋法,先走马而没有先走卒,就把这件事当成丰功伟业;我无法想象,居然有人因为国际象棋年鉴的某个小角落里刊登了自己的名字,就认为自己的声名永垂不朽;我无法想象,一个人,一个智力高超的人,竟然耗费了二十年、三十年,甚至四十年的岁月,把自己所有的心智力量永无止息地投入一件荒谬的事情,挖空心思追逐一颗木制的国王棋子,把它逼到一面木制棋盘的角落；我无法想象，一个人穷毕生之力追逐棋子，居然能够不发疯。

如今，这样一个怪异的天才，或是谜样的笨蛋，竟然和我坐在同一艘船上，和我只相隔六个船舱。这辈子我从来不曾如此接近这样的人物。我对人类心智的奥秘一向满怀好奇，甚至可以说，这种好奇已经变成强烈的激情，然而，悲哀的是，我竟然没有办法和他接触。于是，我想出一大堆匪夷所思的计策：也许，我可以用激将法，刺激他的虚荣心，冒充一家大报社的记者访问他；或者，我可以利用他贪得无厌的心理，邀他去苏格兰访问，展开巡回比赛，大捞一笔。最后，我终于想起猎人常用的伎俩。猎人经常模仿山鸡发情的叫声，引诱山鸡上钩，屡试不爽。如果你想引起一位国际象棋大师的注意，还有什么方法比假装自己会下棋更有效？

这辈子，我从来没有认真研究过国际象棋这门艺术，原因很简单，我下棋纯粹是一种消遣，一种轻松愉快的游戏。如果我曾经在棋盘边坐上个把钟头，相信我，那绝对不是为了绞脑汁，相反的，我是为了在头脑紧绷之后，让自己放松一下。真正的棋手下棋都是玩真的，而我下棋完全是抱着玩乐的心情。下棋就像谈恋爱一样，一定要有一个对手，可是当时，我不知道船上是否找得到另一个国际象棋迷。为了引蛇出洞，我在吸烟室里设下一个简单的陷阱。虽然我太太下棋的技术比我还差，不过，我们还是一起坐在棋桌旁边，等猎物上门。果然，才走不到几步棋，就有人从旁边经过，停下来看我们下棋。没多久，又来了第二个，问我们可不可以让他在旁边看。最后，终于有人开口向我挑战，要我和他下一盘。我终于如愿以偿，找到渴望的对手了。

他名叫麦肯纳，是从苏格兰来的采矿工程师。据说，他在加利福尼亚钻探石油，发了一笔大财。麦肯纳身材不高，体格壮硕，方方正正的下巴，看起来十分结实，牙齿很坚固。他看起来红光满面，原因之一，大概是他之前喝了不少威士忌。这个人肩膀奇宽，虎背熊腰，孔武有力，简直像个古罗马竞技场的斗士。即使在下棋的时候，他那种威武雄壮的气势依然十分引人注目。麦肯纳是那种志得意满、自命不凡的人。像他这种人，即使是一场无足轻重的比赛，他还是把胜败看得比什么都重。失败对他的自尊心是一种莫大的伤害。在过去的生活中，他早已习惯与人拼斗，让自己出人头地，因此，现实中的成功，使他变得趾高气昂。这个魁梧壮硕的家伙充满了优越感，他认为没有人够资格反抗他，甚至于，他认为反抗就是对他的侮辱。第一盘，他输了。他脸色很难看，开始发脾气。他用一种很霸道的口气，脸红脖子粗地解释说，他只是一时失神，才会输掉这盘棋。到了第三盘，他又输了，他就怪隔壁客厅太吵。每次输了棋，他一定要求再下一盘，死不认输。起初，他那副输不起的模样让我觉得有点好笑，到后来，我开始有点受不了了。不过，我还是硬着头皮忍受这位老兄，因为，我一定要达到目的，把那位世界棋王引到我们旁边来。

到了第三天，我的计谋终于成功了，可惜，只成功了一半。可能是琴多维奇经过散步甲板的时候，在舷窗外面看到我们下棋，也可能是他心血来潮，忽然想到吸烟室来逛一逛，总之，当他看到两个外行人在他面前耍玩他最得意的绝技时，就不由自主地走过来，隔着几步的距离，瞄了棋盘一眼，看我们在玩什么把戏。当时，正好轮到麦肯纳出手。光看这一步棋，琴多维奇心里就有谱了。原来只是两个门外汉在班门弄斧，对他这位大师级的人物来说，根本不值得再看下去。他的态度，显然就像我们在逛书店的时候，翻到一本写得很烂的侦探小说，连翻都懒得翻，就随手往下丢一样。他从我们旁边走开，走出吸烟室。我心里暗忖："他掂了掂我们的斤两，觉得我们不够看。"想起他那种冷漠鄙夷的眼光，我心里有点不舒服。为了发泄火气，我告诉麦肯纳："看起来，我们的世界棋王显然不欣赏你刚刚走的这步棋。"

"什么世界棋王？"

我告诉他，刚才有一位先生从我们旁边经过，看到我们下棋，脸上一副不屑的表情，那个人就是琴多维奇，世界国际象棋冠军。我又说，其实，我们也不需要因为他瞧不起我们而伤心，忍一忍就过去了，反正在人家眼里，我们不过是两个穷光蛋，没什么好挑剔的。出乎我意料，麦肯纳对我随口编造的话反应异常激烈。他立刻激动起来，忘了我们还在下棋。你可以感觉到，他那种旺盛的企图心已经在沸腾了。他说，他根本不知道琴多维奇在船上，既然知道了，那他非得跟琴多维奇下一盘不可。他这辈子只跟一位国际象棋冠军交过手，不过，那一次还有另外四十个人，一起和那位棋王进行车轮战。即使是车轮战，也是吓得心惊胆跳，而且他还差一点就赢了。他问我是否认识这位国际象棋王，我说，我不认识。他又问，我是否愿意过去和他打个招呼，邀他过来下一盘。我拒绝了。我告诉他，理由很简单，因为，据我所知，琴多维奇不太喜欢和陌生人打交道，而且，像他这样的大师，怎么可能有兴趣和我们这种三流的棋手下棋呢？

看来，对麦肯纳这种自尊心极强的人来说，我实在不应该用三流棋手之类的话来刺激他。听我这样一说，他果然发火了，很愤怒地把身体往椅背上一靠,大吼着说,他不相信,琴多维奇会拒绝一个绅士礼貌的邀请,他一定会想办法把琴多维奇请来。在他的要求之下,我大略说了一下这位世界棋王的为人风格。话还没说完,麦肯纳就耐不住性子,丢下还没有下完的棋,跑到上层甲板去追琴多维奇。当时,我又一次感觉到,像他这种体格魁梧的大汉,一旦想做什么事,不管我说什么都拦不住的。

我坐在那边等,心情很紧张。过了十分钟,麦肯纳回来了,看起来心情不怎么愉快。

"怎么样?"我问他。

"你说得没错,"麦肯纳有点懊恼地说,"他真的不是讨人喜欢的人,没什么绅士风度。我向他自我介绍,说明自己的身份,可是,他连手都不肯伸出来和我握一握。我试着告诉他,如果他愿意和我们来一场车轮战,船上的全体乘客都会感到无上的光荣。没想到,他的态度十分强硬,不近人情。他说,很抱歉,他的经纪人和他签了合约,合约上声明,在旅行期间,除非是有报酬的表演赛,否则他不准和任何人下棋。而且,每下一盘棋,至少要付给他两百五十元美金的酬劳。"

我笑了起来。"我实在难以想象,在一张棋盘上把一颗棋子从黑格子移到白格子,居然是一种赚钱的事业。我想,你大概就客客气气地跟他说再见了吧!"

然而,麦肯纳看起来还是一本正经的样子。"比赛定于明天下午三点,地点就在吸烟室。希望我们两个到时候不要输得太难看,一下子就被他杀得片甲不留。"

"你说什么?你真的答应付给他两百五十元美金了?"我惊叫起来。

"为什么不呢？他就是靠这个吃饭的。如果我牙齿痛，而船上正好有一位牙医，我总不能平白无故要他帮我拔牙齿吧！他说得没错，我本来就应该付钱给他。无论是哪一个行业，真正的行家通常是最精明的生意人。对我来说，做生意越直截了当越好。我宁愿付现金给这位琴多维奇，也不愿意接受他的施舍，还要和他说谢谢。更何况，我在我们的俱乐部里也常常输钱，每次输的钱还不止两百五十元美金，而且，对手还不是世界棋王呢！我想，'三流棋手'输给世界棋王，应该不是什么丢脸的事。"

我感到很惊讶。"三流棋手"这个字眼只不过是我随口说出来的，没想到对麦肯纳的自尊心造成这么大的伤害。不过，既然他打算自掏腰包，付钱享受这种昂贵无比的娱乐，对于他这种虚荣心，我也就不妄加批评了。再说，由于他这种虚荣的个性，我终于有机会和我朝思暮想的人碰面。我们很快就把这件事告诉了四五位先生，他们都自称是国际象棋的爱好者。为了这场比赛，我们除了定下比赛用的桌子，还把附近的几张桌子包下来，这样一来，我们就不会被进进出出的旅客干扰了。

第二天，我们这一伙人准时抵达现场，一个也没少。琴多维奇正对面的座位理所当然地让给麦肯纳。为了纾解紧张的心情，他一根接一根地猛抽浓烈的雪茄，不时很焦虑地看着手表。果然，不出我所料，这位世界棋王足足让我们等了十分钟才大摇大摆地走进来。用这种方式出场，才能突显他那种高人一等的架势。之前，我的朋友就告诉过我他的事，因此，我早就料到他会来这么一手。

他从容不迫、安安静静地走到桌子旁边。他甚至不肯自我介绍，那种倨傲的态度仿佛在告诉在场的人："我是什么人，你们都知道，至于你们是谁，我根本懒得知道。"接着，他摆出一副专业的架势，用冷冰冰的口气，开始安排下棋的事宜。由于船上的棋盘不够，没有办法进行车轮战，因此他建议我们合力对付他。他说，他每走一步棋，就会走到房间另一头的桌子旁边，不会影响我们商议。因为船上没有摇铃，我们下完一步棋，可以用汤匙敲一敲茶杯，请他过来。他建议，如果没有人反对的话，每一步棋最多只能考虑十分钟。在他的面前，我们忽然都变成了小学生，乖乖接受了他所有的建议。

抽签之后，琴多维奇抽中黑子。我们先走一步，而他连坐都不肯坐，站着回了我们一步棋，就立刻走回他的桌子，懒洋洋地坐在椅子上，随手翻着一本杂志。

这盘棋实在乏善可陈。不出所料，我们果然被他杀得毫无招架之力，总共才走了二十四步棋，就一败涂地。其实，这没什么好奇怪的，世界棋王轻而易举地打败六个泛泛之辈，本来就是稀松平常的事。然而，琴多维奇那种倨傲的态度却让我们十分反感。他摆明要让我们觉得，对付我们这些人，他根本不费吹灰之力。每次他走到桌子旁边，都故意漫不经心地向棋盘瞄一眼，对我们视若无睹，仿佛我们只是桌子旁边的几颗木头棋子。那种态度就好像把骨头扔给一只癞皮狗的时候，连看都懒得看它一眼。我心里想，他实在可以厚道一点，不必那么刻薄。他可以很大方地指出我们的错误，用友善一点的态度给我们一点鼓励。然而，这盘棋下完之后，这个冷血棋王没有多说什么，他只说了一声"将军"，就直挺挺地站在桌子旁边，等着看我们会不会要他再下一盘。碰到这种厚颜无耻、傲慢粗鲁的人，你真是一点办法也没有。我本打算跟他比比手势，表示这场交易已经结束，虽然很高兴跟他交手，不过，对我来说，一切到此结束。没想到，就在这个时候，坐在我旁边的麦肯纳忽然以沙哑的声音说："再来一盘！"我差点被他气死。

麦肯纳挑衅的口吻，让我吓了一跳。那一刹那，他的姿态很像一个杀气腾腾的拳击手，失去了彬彬有礼的绅士风度。可能是琴多维奇盛气凌人的态度激怒了他，也可能是他病态的自尊心很容易受到伤害。然而，不管是什么原因，麦肯纳整个人完全走了样。由于情绪太激动，他满脸通红，一直红到额头上方，鼻孔张得大大的。他的额头冒出斗大的汗珠，紧咬着嘴唇，一条很深的皱纹从嘴角延伸到突出的下巴。我注意到，他眼中冒出一团无法压抑的怒火，这让我感到有点不安。如果你去过赌场，你会看到有些赌徒猛加筹码，可是，连开了六七注他要的牌始终没有出现时，你就会在他们眼中看到那种怒火。那一刻，我忽然明白，麦肯纳的好胜心已经沸腾，他会永远追着琴多维奇下棋，酬金加一倍、加两倍，甚至倾家荡产，他也在所不惜，至少要下赢一盘棋，他才会罢休。如果琴多维奇继续陪他玩下去，那么，他会发现，麦肯纳简直是一座大金矿。在船抵达布宜诺斯艾利斯之前，他至少可以从这座金矿挖出好几千块美金。

琴多维奇脸上依然不动声色，很斯文地说："听候差遣。这一盘，轮到各位先生下黑子。"

第二盘，情况和第一盘差不多，唯一不同的是，我们这边的人数比上一盘多了一些，因为好几个好奇的旅客跑过来围观，看起来声势相当浩大。麦肯纳两眼紧盯着棋盘，仿佛想用他求胜的意志力去感化那些棋子，叫它们一定要赢似的。我可以感觉到，只要能够尽情地大喊一声"将军"，击败那个冷酷无情的对手，他会很乐意花掉一千美金。很奇怪的是，他那种激昂的意志力似乎在不知不觉中感染了我们所有的人。现在，每走一步棋，我们都比前一盘讨论得更热烈，争执到最后一刻，才肯拿汤匙敲一下茶杯，叫琴多维奇回到桌子旁边，后来，我们终于走到了第十七步，令我们惊讶的是，整个局面忽然显得对我们相当有利，因为我们已经成功地将卒子从第三线QB6的位置移动到倒数第二格QB7的位置上。现在，我们只要再把它推到QB8的位置，它就会变成第二个王后。不过，这种局面显然太过有利，反而让我们很不放心。大家都有点怀疑，这个看似有利的局面，很可能是琴多维奇故意设下的陷阱，因为，他预见棋局的能力比我们强多了。然而，尽管我们拼命地研究讨论，还是看不出他葫芦里卖的是什么药。最后，规定的时间快到了，我们只好下定决心，走一步险棋。当时，麦肯纳已经把卒子拿起来了，准备放在最后一个方格里，忽然，他觉得有人迅速抓住他的手臂，用一种很激动的语气，悄悄地对他说："老天！千万别走这步棋！"

我们都不由自主地转过头去。我们后面站着一个年纪大约四十五岁的男人，他的脸瘦瘦尖尖的，看起来有点苍白。我一下子就认出这张像石灰一样苍白的脸，先前在甲板上散步的时候，我就注意到他了。几分钟之前，我们正全神贯注地讨论下一步棋该怎么走，他可能就是那个时候走到我们这一群人里面。发现我们所有人都看着他，他立刻继续说："如果你现在把那个卒子变成王后，他会立刻把主教移到QB8的位子，吃掉你们的王后。接下来你们一定会用骑士吃掉他的主教。可是，这个时候，他会把他的卒子移到Q7的位子上，威胁你们的城堡。就算你们用马将他的军，这盘棋你们还是输定了。再走个九步十步，你们就会被他将军。1922年，在匹斯提恩举办的循环赛上，阿廖辛几乎就是用同样的手法打败了波哥留勃夫。"

麦肯纳吃了一惊，放下手上的棋子，和每个人一样，脸上露出惊异的表情，两眼发直，盯着这个从天而降的守护天使，这个人在十步棋之前，就能够预见一盘棋的结局，想必是第一流的高手，说不定和琴多维奇一样，正准备去参加比赛，争夺棋王的宝座。在这个生死攸关的时刻，他突然现身，加入战局，简直就像上帝显现神迹一样。第一个清醒过来的人是麦肯纳。

"那你说该怎么走呢？"他很激动地压低了声音问。

"先别忙着进攻，目前，你们最好先防卫。首先，把国王从危险的地区撤出来，从KKt1移到KR2。接下来，你们的对手大概会转从侧面进攻。不过，你们可以把城堡从QB1移到QB5。这样一来，他又要多走两步棋，而且会失去一颗卒子，结果，他就会失去整盘棋的优势。最后，这盘棋会变成卒子对卒子的局面，只要你们防守得当，就可以和对手打成和局。对你们来说，这已经是最理想的结局了。"

听完他的话，我们又惊讶得合不拢嘴。他算得又快又准，令人赞叹，仿佛他面前有一本棋谱，而他只不过是一步一步照着念似的。由于他的参战，我们居然和世界棋王打成了平手，简直是奇迹。我们不由自主地站到两边，以免挡到他的视线，妨碍他看棋。麦肯纳又问了一遍："照你这样说，我应该把国王从KKt1移到KR2？"

"没错，这样走最保险。"

麦肯纳遵照他的指示下了这步棋，然后，我们拿起汤匙敲敲茶杯。

琴多维奇就像平常一样,优哉游哉地走到桌子旁边,朝棋盘瞄了一眼,然后,他把国王旁边的卒子从KR2移到KR4。他走这步棋,完全在我们这位神秘帮手的预料之中。接着,这位神秘人物又开始激动地小声说:"走城堡!把城堡从QB8向前移到QB4。这样一来,他就不得不保护他的卒子,不过,没用了,他已经扳不回局面了。你不要管他的另外一颗卒子,只管进攻,把骑士从QB6推进到Q4,这样一来,你们双方又恢复势均力敌的局面了。全力猛攻,别再防守了。"

我们根本听不懂他在说什么。对我们来说,他讲的话仿佛是一种深奥难懂的外国语言。不过,麦肯纳已经被他迷住了,想也不想,完全遵照他的指示下了那步棋。然后,我们又敲敲玻璃杯,把琴多维奇叫过来。这一次,他没有马上还手。这是我第一次看到他犹豫。他盯着棋盘,显得有些紧张,然后,走了一步棋。这步棋,完全在我们这位陌生朋友的预料之中。琴多维奇正准备转身走开时,他忽然做了一件令我们感到意外的事。他抬起头,看看我们这伙人,显然是想弄清楚,我们这伙人当中,究竟是谁能够如此强而有力地反击他。

从那一刻起,我们的情绪越来越激昂,几近于沸腾。之前,我们和琴多维奇下棋的时候,根本没有人相信我们有可能击败他,可是现在,我们发现,我们竟然有机会杀杀琴多维奇那种冷漠的傲气,每个人都兴奋得热血沸腾。我们的新朋友已经告诉我们下一步棋该怎么走,可以把琴多维奇请过来了。当我拿起汤匙敲敲玻璃杯的时候,手指头轻微颤抖。现在,我们已经扭转了颓势。之前,琴多维奇一直站着和我们下棋,现在,他开始犹豫,犹豫了很久,最后终于坐下来。他缓慢沉重地坐到椅子上。这个举动，显示他原先那种"高高在上"的姿态已经瓦解了，至少在表面上，他已经被迫和我们处于平等地位。他紧紧盯着棋盘，思索良久，沉重的眼皮微微张开，我们几乎看不见他的眼睛。当他全神贯注思考的时候，嘴巴不知不觉地张开，圆圆的脸孔显露出呆滞的表情。琴多维奇思索了几分钟，终于下了一步棋，然后站起来。我们的朋友立刻轻轻地说："这步棋是拖延战术！很高明！不过，不要理它！牺牲一颗棋子，逼他也放弃一颗棋子，这样一来，双方就打平了，连上帝也帮不了他了！"

麦肯纳按照他的指示，走了这步棋。我们这伙人早已成了无关紧要的旁观者，只能看着两个高手你来我往。他们走的几步棋，在我们看来只是棋子在棋盘上移动，根本看不懂其中的奥妙。走了七八步棋之后，琴多维奇思考了很久，终于抬起头对我们说了句话："和局！"

那一刹那，四周忽然陷入无边的寂静。突然间，你可以听到海面上的波涛汹涌，大厅里的收音机传来轻柔的爵士乐，人们在散步甲板上走动的声音，以及从窗外吹进来的轻柔风声。每个人都停住呼吸。事情发生得太突然，太令人难以置信，所有的人都呆住了。这位神秘的陌生人竟然能凭着自己的意志力，在一盘快要输掉的棋赛里逼和了世界棋王。麦肯纳身体往后一靠，嘴里嘘了一大口气，很得意地大叫一声："哈！"我又看了琴多维奇一眼。在走最后几步棋的时候，我就发现他的脸色似乎有点苍白。不过，他很懂得控制情绪。他依然泰然自若，表现出一副无所谓的姿态，很平静地用手把棋盘上的棋子拨开，问我们："各位先生还想不想下第三盘？"

问这个问题的时候，他的口气听起来很平静，不带任何感情，一副谈生意的姿态。然而，奇怪的是，他说话的时候，眼睛不是看着麦肯纳，而是死盯着我们那位神秘的救星。就好像一匹马从骑士的姿势就可以判断他够不够高明，同样的，从最后的几步棋当中，琴多维奇想必已经发现他真正的对手了。我不自觉地随着琴多维奇的眼光，好奇地看着这位神秘的陌生人。然而，就在这位陌生人还来不及想，来不及回答的时候，激动万分的麦肯纳已经得意洋洋地朝着他开口大喊："那还用说吗！不过，这一盘你要单独下，由你一个人来对付琴多维奇！"

然而，这个时候发生了一件令人料想不到的事。这位奇特的陌生人用紧张的眼神凝视着棋盘。当他发现所有的人都在看他，又听到麦肯纳那种热情的呼喊，忽然显得有点畏惧，似乎有点难为情。

"不行不行，各位先生，"他结结巴巴地说，显得有点惊慌失措，"这是绝对不可能的……我绝对办不到……我已经二十年，不对，二十五年没有下过棋了，我刚刚才发现，自己多么粗鲁，没有经过各位的同意就介入你们的比赛。请原谅我的鲁莽，我绝对不会再打扰各位了。"我们还来不及从惊愕中清醒过来，他就已经从人群中走开，走出了吸烟室。

"我不相信，这绝对不可能！"麦肯纳用拳头猛敲了一下桌子，激动得大喊，"那个人说他二十五年没有下过棋，这是绝对不可能的！他算得出五六步棋，算得出对手的策略。没几个人有这种本事，这是绝对不可能的，不是吗？"麦肯纳不自觉地转向琴多维奇，问他这个问题。可是，世界棋王还是一副冷漠的表情。

"这件事我无从判断，不过，无论如何，这位先生棋下得很不寻常，很有意思。这就是为什么我要给他另一次机会，让他显显本事。"说完,他懒洋洋地站起来,用他惯有的生意人口吻补了一句,"要是那位先生,或是各位先生明天还想再来一盘,下午三点之后,我会在这里恭候大驾。"

我们都忍不住笑起来。我们每个人都心里有数,琴多维奇这个家伙绝对不是因为生性慷慨,才会给我们的朋友机会。这种幼稚的说辞,无非只是为了掩饰自己的失败。这样一来,我们反而更渴望看到这个傲慢自大的家伙被人羞辱。我们原本是一群爱好和平、慵懒闲散的游客,那一刹那,我们的内心突然燃起一股狂野炽热的战斗意志。在这艘船上,在这一望无际的茫茫大海上,世界棋王将会在我们手下俯首称臣,而这个新闻将会透过通讯社传遍全世界。我们都沉醉在这个令人振奋的幻想中。更何况,这位不速之客正好在关键的时刻加入战局,解救了我们,而他的态度如此羞怯、谦逊,却又散发出一种伟大棋手的自信,形成鲜明的对比。这一切,使得这整件事充满了神秘的魔力。这位神秘的陌生人究竟是谁呢?莫非这又是一次偶然的机缘,我们又遇上了一个至今尚未被发掘的国际象棋天才?或者是,他是一位大名鼎鼎的大师,可是为了某种不明原因,他隐瞒了他的身份?我们很热烈地讨论种种的可能性。我们所提出的假设已经到了匪夷所思的地步,然而,再怎么匪夷所思也无法解释,为什么他的棋艺如此精湛,他却如此羞怯,他那番表白如此惊人。这种怪异的组合就像一团谜。不过,讨论到最后,所有的人都一致认为,绝对不能放弃重新大战一场的机会。我们决定想尽办法,诱使那位神秘的救星第二天再和琴多维奇对阵。麦肯纳拍胸脯答应,这场比赛的酬金由他来承担,而我负责代表大家向他表达我们的请求,因为,我们已经从服务生那里打听到他是奥地利人,是我的同胞。

我很快就在散步甲板上找到临阵脱逃的神秘人物,他躺在卧椅上看书。在还没有靠近他之前,我先趁机观察他。他静静地躺着,又尖又瘦的脑袋靠在枕头上,看起来有点疲倦。他那张长得还算年轻的脸显得异常苍白,两鬓也全都白了。看到他的模样,我内心还是感到有点儿震惊。不知道为什么,我觉得他一定是在一夕之间变老的。我才刚靠近他,他就很客气地站起来自我介绍。他一说出他的姓,我就立刻知道他的来历。拥有那个姓的家族是奥地利一户历史悠久的名门望族。我记得,这个家族的某个成员是音乐家舒伯特的好朋友,还有一位是奥国老皇帝的御医。当我向这位B博士表明我们希望他接受琴多维奇的挑战时,他显然大吃一惊。原来,他根本没有想到,刚刚跟他厮杀的对手竟然是大名鼎鼎的世界棋王,而且还差一点打赢。不知道为什么,他似乎对这个消息很感兴趣。他一次又一次地问我,是否确定他的对手是大名鼎鼎的世界棋王。我很快就感觉到,他对这场比赛有点兴趣了。不过,我也知道,他是一个非常有教养的人,如果他知道这场比赛要是输了,麦肯纳必须承担酬金的损失,他一定会犹豫。为了不刺激他,我决定还是不要把这件事告诉他。B博士犹豫了好一会儿,终于答应参加比赛,不过,他要我提醒我的朋友们,不要对他的能力抱太大的期望。

他的脸上露出梦幻般的表情,微笑着说:"因为,我真的不知道能不能按照所有的规则来下棋。你一定要相信,我上次告诉你们,从学生时代到现在,也就是二十多年来,我没有碰过国际象棋,这是千真万确的,我并不是假惺惺地谦虚。而且,就算当年,我也不过是平庸的棋手。"

他说话的态度是那么自然,我一点也不怀疑他的真诚。不过,我告诉他我很惊讶，因为历代国际象棋大师下过的棋局，他竟然都能记得一清二楚。我问他，不管怎么说，至少在理论上，他对国际象棋有过深入的研究吧？B博士的嘴边又浮现梦幻般的诡异笑容。

"深入研究？天晓得！大概就是这样吧！我确实深入研究过国际象棋，不过，当时的情况非常特殊，甚至可以说是绝无仅有。这是一个相当错综复杂的故事，是我们这个伟大美好的时代一段小小的插曲。如果你能够忍受我唠叨半个小时，我就告诉你吧。"

说着，他指着旁边的卧椅要我坐下。我很乐意地接受了他的邀请，我四周半个人也没有。B博士把看书用的老花眼镜拿下来，放在旁边，开始说故事。

"刚刚你提到，你也是维也纳人，你记得我们家族的姓氏，实在太客气了。不过我猜你大概没有听说过我们家的律师事务所。那家事务所原本是我父亲和我一起经营的，后来又由我自己一个人经营。你没有听过这家事务所是因为我们根本不理会刊在报纸上的那一类案件，而且，原则上，我们也尽量避免接受新客户。事实上，我们后来根本就不再从事一般的律师业务，只担任一些大修道院的法律顾问，管理他们的财产。我父亲过去是天主教政党的一员，和修道院的关系很密切。如今，帝制的时代已经过去了，我不妨告诉你一件秘辛。我们还曾经受过委托，管理皇室某些成员的资产。我有一位叔叔是皇帝的御医，另外一位是赛登史特兰修道院的院长。我们家族和皇帝以及教会的关系可以追溯到两代以前，而皇家客户对我们的信任，也从老一辈延续到我们身上。因此，我们只要维系这种关系，就可以过日子了。我们的工作，也不过就是管好他们的财产。这是一种隐秘的工作，必须悄悄地进行，不可宣扬。担任这样的工作，只需要具备绝对保密和忠诚这两种特质，而我的父亲正好具备这两种特质。他是一个世故老练、心思细密的人，因此才能够成功地在通货膨胀的年代，在帝国没落之后，为我们的委托人保存可观的财产。后来，希特勒上台，控制了德国，开始侵吞教会和修道院的财产。因此，我们开始和国外谈判和交易，希望至少能挽救一些可动资产，以免于遭到没收。关于皇室和教廷的秘密政治交易，我们两个人所知道的远比外界所想象的多。可是，正因为我们的事务所很隐秘，再加上我们两个人行事很低调，小心谨慎，刻意避免和保皇派来往，才得以避开好管闲事的人的猜忌。事实上，在那些年代，奥地利当局从来没有想到，我们那间坐落在四层楼上、很不起眼的事务所里，一直有皇室的秘密信使进进出出，收送一些很重要的信件。

"然而，早在纳粹党开始武装军队侵略全世界之前，他们就已经在德国邻近的每一个国家，建立了一支秘密的特务部队。这支危险的部队和正规军一样训练有素，部队的成员都是一些受过伤害、饱受轻视和羞辱的人。每一间办公室、每一家企业，都有他们部署的所谓'细胞'；每一个政府机构，甚至在布尔福斯和舒兹尼克私人办公室里，都有他们的间谍和特务。就连我们那间不起眼的事务所都有他们的密探，只可惜，我发现得太晚。其实，这个人不过是个可怜虫，一个无能的办事员。当初，有一位神父介绍他来，而我们雇用他，也不过是为了让我们的事务所对外看起来像一间正常的办公室。我们交付他的工作，不外是些无关紧要的差事，例如，跑跑腿、接接电话、整理整理文件。当然那些都是无关紧要的文件。我们从来不让他拆邮件，所有重要的邮件都是由我亲自打字，而且只打一份，不留副本。每一份重要的文件我都会带回家，而且，秘密谈判的地点一定在修道院院长的办公室，或是我叔叔的御医办公室。由于保密的功夫做得很到家，那位密探根本收集不到任何情报。然而，很不幸的，从一些偶然的蛛丝马迹中，这个野心勃勃、自命不凡的年轻人慢慢发现，我们不信任他，而且背着他在做一些很有意思的事情。可能是因为我不在办公室的时候，有一位信差不小心说漏了嘴，说出'陛下'两个字，而没有按照我们的约定称呼'贝恩男爵'。也可能是因为，这个恶棍违背我的指示，偷拆我们的信件。反正，在我开始怀疑他之前，慕尼黑或柏林当局就已经指示他监视我们。一直到很久以后，我被捕入狱了，我才回想起来。当初，他刚到办公室的时候，做起事情懒洋洋的，在最后的几个月里，他忽然工作得很卖命。我回想起，有好几次，他硬要帮我把邮件送到邮局去。我不得不承认，我还是有点疏忽，不过话说回来，在我们那个时代，最伟大的外交家和将军，最后还不都是被希特勒的爪牙给暗算了吗？

"在舒兹尼克宣布辞职的那天晚上，也就是希特勒占领维也纳的前一天，我就被禁卫军逮捕了。这件事足以证明，盖世太保不知道已经注意我多久了。还好当时我从收音机听到舒兹尼克的辞职演说时，就把所有最重要的文件烧毁。而其他的文件，还有一些修道院和两位大公爵存放在国外的财产凭证，全部被我藏在放脏衣服的篮子里，交给忠心耿耿的老女管家，送到我叔叔家里。在希特勒的爪牙闯进我家之前的最后一分钟，我做完了这些事。"

说到这里，B博士停下来，点了一根雪茄。火柴点亮时，我看到他右边的嘴角抽搐了几下。之前，我就已经注意到这种现象。我发现这种抽搐每隔一两分钟就会重复一次。这种抽搐很轻微，转眼就消失了，不过，在那一瞬间，他的脸看起来显得很不安。

"我想，你大概以为我要告诉你那些集中营的事情吧。我们这些忠于旧帝国的奥地利人都被送到那些集中营里，饱受屈辱、拷打和折磨。不过，你猜错了，这些事情并没有发生在我身上。我被当成另外一种囚犯。希特勒爪牙把那些不幸的人关在一起，用尽一切手段折磨他们的肉体和心灵，把压抑多年的怨气和不满都发泄在他们身上。不过，我很幸运，没有受到那种待遇。我被归为另外一类。我们这一批人为数很少，纳粹党希望从我们这些人身上榨取金钱，或是套取重要的情报。当然，像我这样微不足道的小人物，盖世太保根本没有什么兴趣。不过，他们一定发现，我们这些人是他们主要敌人的财产代理人、管理人和心腹。他们想从我身上套取犯罪的证据。他们可以用这些罪证向修道院提起公诉，证明他们隐瞒财产。他们利用这些罪证，控告皇室的成员和所有在奥地利为皇室牺牲奋斗的人。他们怀疑，而且也有证据显示，我们所经手的大部分资产都还藏得好好的，他们很难侵占。因此，他们第一天就把我叫去，打算用他们那些屡试不爽的方法，从我的口中套出秘密。由于他们想从我们这些人身上榨取金钱和重要情报，所以，我们没有被送到集中营去，而受到特殊的待遇。你大概还记得，我们的首相和罗特希尔德男爵都没有被送进围着铁丝网的集中营，因为纳粹分子打算向他们的亲戚勒索几百万元。他们备受礼遇，被安置在'大都会饭店'里。盖世太保的总部也设在那里。他们每个人住一间单人房，甚至连我这样的小人物也受到同样的礼遇。

"一个人住一间大饭店的房间,听起来很人道,对不对?不过,相信我,他们心里想的绝对不是什么人道。他们没有把我们这些'重要人士'关进二十个人一间的冷冰冰的营舍,反而让我们住大饭店温暖舒适的单人房,这是一种更阴险的手段。他们并没有施行拷打或酷刑,他们打算用一种更细腻、更恶毒的手段来套取他们想要的情报。那是人类所能想象出来的最残酷的手法:把一个人彻底孤立。他们并没有把我们怎么样,只是把我们放置在绝对的虚无之中。每个人都知道,世界上没有任何事物能够像虚无一样,对人类的心灵造成巨大的压力。他们根本不需要用拷打和酷刑来对付我们,他们只要把每一个人分别关进绝对的真空中,关进彻底与外界隔绝的房间里,让我们的内心产生压力,就可以逼我们开口了。

"第一眼看到那个房间时,我并没有不舒服的感觉。房间有一扇门、一张床、一张椅子、一个洗脸盆和一扇装着栏杆的窗户。房间的门从早到晚都锁着,桌上不准有书和报纸,不准有铅笔和纸张。窗外是一道防火的砖墙。一种绝对的空虚围绕着我,无论是在身体上,或是在心灵上。他们把我身上的东西全部拿走。他们拿走了我的手表,不让我知道时间;拿走了我的铅笔,不让我写字;拿走了我的小刀,免得我割腕自杀;甚至连香烟也拿走了,不让我有任何安慰。除了守卫,我没有见过任何人。就是连守卫也不准跟我说话,不准回答我的问题。我听不到人的声音。从早晨到夜晚,从夜晚到清晨,我的眼睛、耳朵以及其他的感官都得不到任何轻微的刺激。我孤零零的一个人,整天和四五样不会说话的东西为伍,例如桌子、床、窗户和洗脸盆。我彻底地与世隔绝。我就像潜水员一样,坐在潜水球里,置身在寂静无声的黝黑大海里。我甚至感觉到,那条唯一可以联系外界的绳索也被割断了,我永远无法脱离这无声的海,回到水面。我没有事情可做,听不到任何声音,看不到任何东西,四周是一片无止境的真空,没有时间、没有空间的虚无,我在房间里不停地走来走去,爬上爬下。然而,即使是没有形体的思想也需要一个支撑点,否则就会开始疯狂地绕圆圈,自我追逐。即使是思想也无法承受虚无。从早到晚,你永远在期待什么事情发生,然而,永远不会有事情发生。你不停地等待、等待、等待,不停地想、想、想,直到你头痛欲裂。什么事情也没有发生。你始终是一个人,一个人,一个人。

"整整两个星期,我活在没有时间,与世隔绝的世界里,要是当时战争爆发了,我也不会知道。我的世界里只有桌子、门、床、洗脸盆、椅子、窗户和墙壁。我不停地盯着同一面墙壁,同一张壁纸。由于看的时间太长,壁纸的锯齿形图案的每一个线条,仿佛被人用钢刀刻在我大脑最深层的皱褶里。最后的审讯终于开始了。他们突然把你叫出去,你根本不知道当时是白天还是晚上。他们带着你穿过几个走廊,你根本不知道自己会被带到哪里。后来,你突然发现自己站在一张桌子前面,对面坐着几个穿军服的人。桌上放着一堆纸,那是一个档案,你不知道里面的内容是什么。接着,他们开始审问你,问题有真有假,有的很直接,有的很迂回,有的是声东击西,有的是陷阱。你回答问题时,可以听到他们的手指头邪恶地翻弄那些文件,而你不知道里面写的是什么。那些恶毒的手在纸上写了一些东西,而你不知道他写了些什么。不过,在这场审讯中,让我感到最害怕的,是我永远猜不透,这些盖世太保究竟知道多少我的事务所处理过的业务，猜不透他们到底还想从我口中套出什么。之前，我已经告诉过你，在最后一刻，我已经将足以当成罪证的文件交给我的女管家，送到我叔叔家里。可是，他究竟收到了没有？我们那个雇员究竟打听到多少秘密？他们到底拦截到多少信件？这段时间，在由我们代理业务的德国修道院里，他们究竟从哪一位笨神父嘴里套出了多少线索？他们反复地盘问：我为哪一家修道院买过哪些证券？我和哪些银行有业务往来？我认不认识某某人？我是否收到过从瑞士或是其他地方寄来的信？因为我猜不透他们究竟知道了多少，因此，每回答一个问题都得承担严重的后果。如果有某件事情是他们还不知道的，而我承认了，可能就会连累别人受害。如果我说了太多谎，我自己可能就会有生命危险。

"然而，审讯还不是最要命的。最要命的是审讯之后，我还要回到那一片虚无之中，回到同一个房间，里面还是同一张桌子，同一张床，同一个洗脸盆，同样的壁纸。当我一个人的时候，我就会努力回想审讯的情形，思考我应该怎么回答，才是最聪明的。我会盘算下一次我应该说什么，才能够弥补前一次说错的话，以免引起他们的怀疑。我反复地思考，仔细回想我向审判官说的每一句口供，仔细回想他们所提出的每一个问题，回想自己的每一句回答，我试着去揣测，我所说的哪些话可能被他们记录下来，可是我心里明白，我永远也猜不出来。然而，这些思维一旦在这个空房间里运转，就会永无止境地在我的脑海盘旋，引发种种的联想，连睡觉也得不到安宁。每次被盖世太保审讯完，我自己的思想也会同样地折磨我，同样的毫不留情，反复不停地侦讯、追问、凌虐。这种折磨比接受审讯更可怕，审讯一个小时就会结束，可是，由于孤独的煎熬，脑海里的自我审讯却是永无止境。我的身边，永远只有桌子、洗脸盆、床、壁纸和窗户。没有任何可以让我分心的东西，没有书，没有报纸，看不到别的人，没有铅笔可以写点什么，没有火柴棒可以拿来玩玩，什么都没有、没有、没有。

"当时，我才发现，把一个人单独囚禁在房间里是多么聪明恶毒，对心灵的摧残是多么严重。关在集中营里，你可能要用手推车去推石头，直到双手破皮流血，直到你的双脚冻僵。你可能必须和二十多个人挤在一起，挤在又臭又冷的小空间里。然而，在那里，你可以看到许多脸孔，看到田野，看到广场，看到树林，看到星星。你永远有一些东西可以看。然而，在这个小房间里，身边的事物永远不会改变，绝对不会改变，令人难以承受的不变。在这里，没有东西可以帮助我摆脱我的思想，摆脱我病态的思考循环。这就是他们的企图。他们企图借着我的思想来掐住我的脖子，使我感到窒息，直到我无法呼吸，最后，我只好把自己的思想放出来，招出一切，招出他们想知道的一切，把别人供出来，把所有的情报供出来。我渐渐感觉到，在这种虚无的恐怖压力下，我的神经开始松懈了。当我意识到这种危险，我就拼命绷紧神经，努力去找事情来分散注意力。为了让自己有事情可以做，我开始在记忆里翻寻，回想记得的任何东西，例如民歌、童谣、学校里听到的笑话，或是民法里的条文。后来，我尝试演算数学题目，在脑海里加减乘除任何想到的数字，然而，在一片虚无之中，我没有力气集中自己的思绪。那些老问题依然不停地在我脑海里缠绕。他们知道多少？我昨天说了些什么？下次我应该说什么？

"这种难以形容的情况整整持续了四个月。四个月，写在纸上很简单，只有三个字。说起来也简单，四个月，也不过三个音。只要一瞬间，我们的嘴唇就可以发出这些音。然而，没有人能够形容，没有人能够衡量，没有人能够向别人描绘，在一种没有时间、没有空间的永恒中，四个月究竟有多长。你无法向任何人解释，你四周的虚无、真空，那种空无一物是如何使人崩溃，使人毁灭。每天看到的老是同样的桌子、床、洗脸盆和壁纸，别的什么也看不到；四周永远是无边的寂静，永远看到同一个守卫，把饭送进来，连看也不看你一眼；永远是同样的思想在你的脑海中，在虚无之中盘旋，直到你发疯为止。我越来越感到不安，因为，从某些细微的征兆，我发现自己的心智陷入混乱。最初，我被侦讯的时候，头脑还是很清楚。回答问题的时候，泰然自若，思虑细密，那种双重的思绪还很清楚。我知道什么话该说，什么话不该说。而现在，就连最简单的句子，我也说得结结巴巴。当我在招供的时候，整个人像中了邪似的，眼睛一直盯着在纸上书写的那支笔，仿佛说的话能跟上那支笔。我感觉到我的力量渐渐消失了，最后的一刻一步步向我逼近，为了救自己，我会把自己知道的一切全部说出来，甚至说更多。为了摆脱令人窒息的虚无，我会出卖十二个人，说出他们的秘密。而我自己除了能够短暂的喘息之外，什么也得不到。有一天晚上，我已经承受不了了。当时，守卫正好在我快要崩溃的时候送饭来，于是，我忽然朝着他的背后大叫：'带我去侦讯！我什么都说！我什么都招了！我要告诉他们文件和钱在哪里！我都说！什么都说！'好在他已经走得很远，没有听到我的话。也许他根本不想听我说话。

"就在这个生死存亡的关头，发生了一件令我意想不到的事。我得救了，至少在一段时间里，我得救了。当时是七月底，一个阴霾昏暗的下雨天。我之所以清楚记得每一个细节，是因为我被带去侦讯的时候，经过走廊，雨水正好打在玻璃窗上。每次，我都要站在审讯室前半部的房间里等很久。这也是他们的手段之一。他们会突然在半夜里把你从房间叫出去，突然要审讯你，让你神经紧张。然后，当你做好了心理准备，集中意志，理清神志，准备对抗他们的时候，他们又会叫你坐在那边等，无谓地等了又等，一等就是一个钟头、两个钟头、三个钟头，让你精疲力竭，心力交瘁。我还记得，那一天是星期四，七月二十七日，他们让我等得特别久。我在那个房间足足等了两个钟头。我之所以连日期也记得这么清楚，有一个特别的原因。因为，我在那里站了两个钟头，站得两腿都僵硬了（当然，他们是不准我坐下的）。房间正好挂着一本日历。你无法想象，当时我是多么渴望看到任何印刷的东西，看到一些书写的文字，因此，我目不转睛地看着墙上那行字'七月二十七日'，几乎想一口把它们吞下去，刻在我的脑海里。然后，我又继续等，不停地等，眼睛紧盯着门，看它到底什么时候会打开。同时，我也一直在思考，那些审讯官这次会问我什么样的问题？而我心里也明白，他们打算要问的问题，一定和我心里所预期的问题完全不一样。

"尽管如此，站在这里等待，虽然是一种折磨，却也有另一种幸福，另一种喜悦。因为，再怎么样，这个房间毕竟和我住的那个房间不一样，这里比较宽敞，有两扇窗户，比我的房间还多一扇，而且没有床，没有洗脸盆，窗台上也没有那道我不知道看了几百万次的奇怪裂缝。门上油漆的颜色也不一样，墙边放着另外一张小沙发，左边是一个档案柜，还有一个装着衣钩的衣架，衣钩上吊着三四件湿漉漉的军用大衣，大概是那些折磨我的家伙穿的。这样一来,我就有新鲜东西可以看了。我如饥似渴的眼睛终于又可以看点别的东西了,它们贪婪地抓住每一个小地方。我仔细观察大衣上的每一个皱褶,例如,我注意到,有一件大衣的湿领子吊着一滴小水珠。你或许会觉得非常可笑,我怎么会去注意这么无聊的事情,可是,我可真的是以十分荒唐的激动心情在期待,等着看这滴水珠最后会不会顺着皱褶流下来,或者,它是否抵抗得了万有引力,能够在衣领上多停一下子——接连好几分钟,我屏住呼吸,目不转睛地凝视着那滴水珠,仿佛我的命运就靠它来决定。等到这滴水珠终于滚落下来了,我又去数大衣上的纽扣,第一件上面是八粒,第二件也是八粒,第三件是十粒;接着,我又开始比较几件大衣的翻领,我那饥渴的眼睛以一种难以形容的贪婪,抚摸、耍弄、抓住所有这些可笑的、无关紧要的琐碎细节。

"突然,我的目光被某个东西吸引住了。我发现有一件大衣边上的口袋有点鼓鼓的。我移动身体,靠近一点。从那鼓鼓的东西所呈现的四四方方的形状来看,这个口袋里藏的显然是一本书!我的膝盖不由自主地轻微颤抖。一本书!整整四个月了,我没有碰过半本书。书里面可以看到一整行文字,可以看到好多行、好多页、好多张。书里可以读到我闻所未闻的新鲜事,读到可以让人分散心思、消愁解闷的思想。我可以让头脑追随这些思想自由翱翔,可以把它们记在脑子里。光是想象这么一本书的存在,就令我陶醉,浑身酥麻。那本书在口袋里形成鼓鼓的形状,而我的眼睛像着了魔似的,一动也不动地盯着那个鼓鼓的地方。我的眼睛盯着这个极不显眼的地方,几乎快要喷出火来,仿佛想在大衣上烧出一个洞来。最后,我再也克制不了自己的欲望,不由自主地把身体靠得更近，就算只能用手隔着衣料摸摸这本书，我就很满足了。光是这个念头，就已经使我的手指头到指甲的神经都激动起来。连我自己也不自觉，身体越来越靠近墙壁了。我这个举动一定非常奇怪，幸亏守卫没有注意到。也许他觉得，一个人直挺挺地站了两个钟头，想要靠靠墙壁休息一下，也是很自然的事情。最后，我离大衣已经非常近了。我故意把两手放在背后，以便能够趁别人不注意的时候摸到大衣。我摸了摸布料，透过布料，的确感觉到有一个四四方方的东西。这个东西可以折弯，而且会发出轻微的窸窣声音。这是一本书！一本书！我的脑海闪过一个念头：把这本书偷来！也许能偷到手。这样一来，我就可以把它藏在房间里，慢慢读，慢慢读。啊！终于又能读到书了！

"这个念头刚进入我的脑海，就像剧毒似的，立刻起了作用。那一刹那，我的耳朵嗡嗡直响，我的心脏怦怦直跳，我的双手冰凉，根本不听使唤。然而，最初的一阵茫然过去之后，我就悄悄地、很巧妙地靠近那件大衣。我一边盯着守卫，一边用藏在背后的双手把那本书从下往上托，越托越高，然后，我伸手一抓，轻轻地，小心往外一抽，突然间，那本小书便到了我的手里。这个时候，我才猛然惊醒，意识到自己干了什么事情。然而，我已经没有退路了。接下来的问题是，这本书要怎么偷偷带回房间呢？我把这本书塞到背后裤子里系腰带的地方，然后从那儿渐渐地移到腰部，这样子，我走路的时候，也就可以用军人的姿态把手贴着裤缝，把书夹住。现在就得看看第一关的考验能否通过。我把身体从衣架那儿挪开，慢慢地，一步，两步，三步。行，挺顺利的。走路的时候，我可以把书夹住，只要把手夹紧腰带就行了。

"接着就是审讯。这次审讯，比以往任何一次都费力、难熬，因为，当我在回答问题的时候，我并没有把全部的力量都集中在思考口供上，反而一直在想如何夹住这本书，而不至于引起别人注意。还好这次审讯的时间比较短，我很顺利地把那本书带回房间。细节我就不多说了，免得浪费你太多时间。走回房间的途中，发生了一次非常危险的状况。当时，我们正好来到走廊的中间，那本书忽然从腰带上滑了下来，我只好假装猛烈咳嗽，借机弯下腰，把书塞回腰带底下。当我带着这本书回到我的地狱时，我又是独自一个人，然而，却不再是孤零零的一人了。这是多么幸福的一刻啊！

"你大概以为，我一定马上抓起那本书，仔细把玩，仔细读起来了。你错了！首先，我要好好品味一下身边有了一本书的快乐。我故意让这种奇妙、兴奋的喜悦延续久一点。我心里暗暗期待，这本偷来的书最好是一本什么样的书。最重要的是，它最好印得密密麻麻，编排得很紧密，书页薄薄的，越多页越好，这样，我才能够读久一点。然后，我希望这是一本能够让我的精神紧张起来的书，不是浅薄的、轻松的作品，而是可以学习、可以背诵的书，例如诗歌。我甚至妄想那本书是歌德或者荷马的作品。最后，我再也控制不住我的欲望及好奇心，于是平躺在床上，要是守卫突然把门打开，也不会看出破绽。然后，我颤抖着双手，把书从腰带底下抽了出来。

"第一眼令我大失所望，甚至恼怒至极。我冒了那么大的危险才偷到这本书，怀着那么热切的期待，等到现在才打开这本书，而这本书竟然是一本棋谱，是一百五十盘名家棋局的选集。要不是因为我的窗户关得紧紧的，而且还有铁栏杆，一怒之下，这本书一定会被我扔到窗户外面去，这种无聊的书有什么好读的？有什么用？就像大多数学生一样，从前念书的时候，偶尔我也会下下棋，打发打发时间。可是，这本书里全是一些硬邦邦的国际象棋的理论，有什么用呢？下棋总不能没有对手，更不能没有棋子和棋盘。我懊恼地把这本书从头到尾看了一遍，心里想，说不定可以找到一些值得一读的东西，像是序言或是导读啊！可是，整本书除了画得方方正正的名家棋局的图谱之外，什么也没有。图谱下面是一些我根本看不懂的符号，什么QR2—QR3、KKt1—KB3等等。对我来说，所有这些东西看起来就像我解不开的代数题目。后来，我慢慢搞清楚了，原来数字代表横线，字母代表纵线，合在一起就是每一个棋子的位置。这样一来，这种纯粹图解式的图谱就形成了某种语言。

"我心里盘算着，也许我可以在房间里做一面棋盘，然后照着棋谱把这些棋局下一遍。仿佛像是上天的恩赐，我的床单正好有大方格的花纹，如果我折叠的方法正确，就可以折出六十四个方格来。于是，我先把书藏在被子底下，把书上的第一页撕下来。然后，我把一些面包留下来，开始捏国王啊、王后啊，以及其他的棋子。不用说，这样做出来的棋子当然很叫笑，外形很不美观。费了九牛二虎之力，我终于可以在方格的床单上，按照棋谱的位置，把棋子重新摆起来。我用烟灰把一半的棋子颜色弄得深一点，以区分黑棋和白棋。可是，当我第一次尝试按照棋谱，把一盘棋重新下一遍时，却彻底失败了。刚开始那几天，我老是下着下着就乱掉了。同一盘棋，我都得一再从头下个五次、十次、二十次。可是，世界上又有谁像我这个虚无的奴隶一样，有那么多不知道该怎么打发的时间，有那么多难以估计的贪欲和耐心呢？六天之后，我已经能够把一盘棋一步也不差地下完了。再过八天，我甚至连床单上都不用摆棋子，就能够在脑海里想象棋谱上的棋子位置。又过了一个礼拜，我连床单都用不着了。书上那些抽象的符号QR1、QR2、QB7、QB8，在我的脑海里自动转化成具体的位置。这种转化的过程完全成功了，棋盘和棋子深深印在我的脑海里，只要看到符号，整个棋局的变化就会重现在我眼前，就像训练有素的音乐家，只要看一眼总谱，就能够想象各种乐器的声音与和声。又过了两个礼拜，我已经可以轻而易举地背出书上的每一盘棋，或者套句国际象棋的术语，杀盲棋。

"现在我才体会到，这种大胆的偷窃行为所带给我的快乐是难以衡量的，因为，我忽然有事情可以做了。你也可以说这是一种没有意义、没有目的的事情，不过，这件事情毕竟把环绕着我的那一片虚无彻底驱除了。有了这一百五十盘棋的棋谱，就像有了一件神奇的武器，可以抵抗令人窒息的单调，抵抗那一成不变的空间与时间。为了让这种活动保持新鲜感，保持吸引力，从此以后，我每天只花一部分时间下棋，早上两盘，下午两盘，晚上再很快地复习一遍。在这之前，我每天过的日子像果酱一样，黏糊糊的一团，整天无所事事。有了那本棋谱以后，我每天的时间都排得满满的。我整天忙碌，却不会觉得累。因为国际象棋有一种奇妙的特色，它会把人的脑力全部集中在很狭窄的活动范围里，即使绞尽脑汁，脑子也不会萎缩，相反的，脑子只会更灵活，更有活力。

"刚开始，我只是机械般的模仿名家的棋局，后来，我慢慢体会到国际象棋的艺术性和乐趣。我学会了进攻和防御的微妙之处，学会了运用计谋和战略。我掌握了国际象棋的技巧，在几步棋之前预见局势的发展，早作安排，突然发起反攻。不久之后，我就能够准确无误地认出每一个国际象棋大师下棋的个人特点，就像读诗人的诗，只要几行就能够断定作者是谁一样。刚开始，下棋只不过是为了打发时间，现在变成一种享受，阿廖辛、拉斯科、波哥留勃夫和塔尔塔柯威尔，这些伟大的棋艺战略家，仿佛都变成我最亲近的朋友，走进我孤独的小世界。

"生活中增添了无穷尽的变化，寂寥的房间每天都变得生气盎然。正因为我每天练习下棋，生活变得极有规律，使得我原来受到严重伤害的思维能力，又重新恢复了正常。我觉得我的脑袋又活跃起来了。经由不断的思维训练，我的头脑甚至比以前更灵光、更敏捷了。尤其到了审讯的时候，证明我的思路变得更清晰、精神更集中。无意之中，我在棋盘上练就了一身炉火纯青的本领，足以抵抗虚张声势的威胁，揭穿阴谋诡计。从那个时候开始，每次被带去受审的时候，我再也不会露出任何破绽。我甚至觉得，这些盖世太保慢慢开始用充满敬意的眼神来观察我。说不定他们暗地里觉得奇怪，那么多人在他们面前都崩溃了，而我究竟从哪里获得了神秘的力量，能够抵抗他们的折磨，不屈不挠呢？

"日复一日，我照着棋谱，把书上的一百五十盘棋很有系统地下了一遍，一盘接着一盘。这段幸福的日子延续了大概两个半月到三个月。然后，出乎我意料，我又走到了一个死胡同。我发现自己又重新面对一片虚无。因为，每盘棋都下了二三十遍之后，这些棋局就失去了新鲜感，失去了魅力，再也没有意外的喜悦。先前那种令人兴奋激动的力量消失了。这些棋局的每一步棋我早就倒背如流，反反复复下个不停有什么意思呢？每次开局，走出第一步，接下来的发展仿佛就自动在我脑海里推进。再也没有什么意外，再也没有什么紧张，再也没有可以思考的东西。为了让自己有事情可以做，给自己找来更多生活中不可或缺的忙碌和消遣，我真的很需要另外一本国际象棋的书。可是，既然这是根本不可能的事，我只有一个办法可以脱离这个诡异的迷宫。我只好自己发明一些新的棋局来取代旧的棋局，我不得不想办法和自己下棋，或者，说得更准确一点，就是把自己当成对手。

"我不知道，你是否想象过，玩这种'自己对抗自己'的游戏，是什么样的精神状态。然而，你只要大略想象一下就可以明白，下棋是一种纯粹的思考游戏，没有任何偶然或运气。因此，把自己当成对手来下棋是荒谬绝伦的事情。国际象棋之所以吸引人，归根究底，不就是因为棋局的战略是两个不同的头脑，按照不同的思路所发展出来的吗？在斗智的过程中，持黑子的那一方根本不知道白子那一方会用什么战略，因此，他只能想尽办法去猜测对方的意图，破坏对方的战略，同时，白子的一方也拼命地抢先一步避开黑方的秘密意图。可是现在，如果黑方和白方是同一个人，就会出现一种非比寻常的情况，那就是，同一个人的脑子必须知道一件事情，又必须不知道这件事情。这个头脑在思考走白棋时，必须强迫自己彻底忘记一分钟之前他走黑棋时想达到的目的。本质上，要进行这种双重思维，人的意识必须完全分裂，也就是说，人的脑子必须像一部机器一样，能够随心所欲地打开或关上。所以，想要把自己当成对手来下棋，就好像想要跳过自己的影子一样，不合常理。

"简单地说，这种不合常理的事情，我竟然在陷入绝望时，尝试了好几个月。然而，为了避免彻底发疯，或是陷入智力彻底衰竭，我除了强迫自己去违反常理，实在没有别的选择。在那种恐怖处境的逼迫之下,我试着把自己分裂成走黑子的我和走白子的我,以免被周遭那种可怕的虚无给压垮。"

说到这里,B博士靠到躺椅上,闭上眼睛,停了一分钟,似乎想压抑那种不愉快的回忆。他左边的嘴角又不由自主地出现那种诡异的抽搐。没多久,他又坐起来了。

"好,到目前为止,希望我已经把一切经过都跟你解释得很清楚了。遗憾的是,后来发生的事情,我并没有把握可以说得一样清楚。要进行双重思维的游戏,一个人的脑子必须保持绝对的紧张状态,这样一来,他就会失去自我控制的能力。刚才我已经告诉过你,按照我的想法,把自己当成对手来下棋,根本就是胡闹。然而,如果你眼前真的有一个棋盘,你至少还有最起码的机会可以做这种荒谬绝伦的事。因为,你至少还可以和棋盘保持一种距离,产生一种物质上的疏离感。如果你坐在一张真正的棋盘面前,上面摆着真正的棋子,你至少可以安排一点时间来思考。你至少可以移动身体,一下子坐在桌子这一边,一下子坐在桌子那一边,一下从黑棋的角度、一下从白棋的角度来观察整个局势。然而,在当时的情况下,我被迫进入自己脑海里的想象空间,进行这一场'自己对抗自己'的战争。我被迫把六十四个格子走过的每一步棋清清楚楚记在脑海里。我不但要把走过的几步棋记住,还要算出双方可能要走的其他几步棋,也就是说,我要进行加倍、三倍的思考,不,六倍、八倍、十二倍的思考。我必须为两个我,也就是走黑子的我和走白子的我,预先想出四五步棋。

"原谅我吧,我竟然会这么苛求,要你想象这种疯狂的事情。当我在想象的空间里下国际象棋的时候,走白棋的我必须事先想出四五步棋,走黑棋的我也是一样,因此,在某种意义上我必须用两个脑子来思考，联想随着棋局发展所产生的每一步棋。我必须用走白棋的脑子和走黑棋的脑子一起思考。但是在这种匪夷所思的实验当中，自我分裂还不是最危险的。最危险的是，我这样凭空想象一些棋局，脚底踩不到实地，整个人就会陷入无底的深渊。如果单单只是把名家的棋局重复一遍，就像几个礼拜之前那样，那终究只是复制的过程，把已经存在的事物重复一遍。做这种事情，不会比背诵诗歌、背诵法律条文更吃力。这是一种有限的、按部就班的活动，是一种绝佳的头脑体操。每天上午和下午，我都会各下两盘棋。这已经变成我的例行公事，做起来毫不费力。这种活动变成了我生活的主体。更何况，如果我在下一盘棋走错某一步，或是忘了怎么走，我还有书可以参考。正因为如此，对我已经受到伤害的神经来说，这种活动是有益的，甚至可以让我感到平静。照着书上的棋谱，重复别人走过的棋局，可以不必让自己去冒险。无论是黑子赢了或是白子赢了，我都无所谓。在棋局里争夺棋王宝座的不是阿廖辛和波哥留勃夫吗？至于我，我的心智、我的灵魂只是一个旁观者、一个行家，在棋局里欣赏激烈的转变和美感。可是，自从我开始尝试和自己对抗，我就不知不觉地自我挑战。走黑子的我和走白子的我，两个我必须互争高下。双方都野心勃勃，烦躁不安，急着打败对方，赢得那盘棋。每走一步棋，走黑子的我就会拼命猜测，走白子的我会采取什么行动。在两个我当中，只要有一个我走错一步棋，另一个我就会兴高采烈，同时，还有一个我就会对自己的失败愤怒不已。

"这一切看起来毫无意义。事实上，这种人为的精神分裂，可能会引起危险的情绪激动，引起意识分裂。在正常的情况下，一般人是难以想象的，不过，你不要忘了，我已经被别人使用暴力从正常的状态中驱离出来。我是一个遭到无辜监禁的囚犯，连续几个月，有人挖空心思，用孤寂来折磨我。我早就想把心里累积的怨恨，找个对象来发泄一下。我身边一无所有，只有这种荒唐的'对抗自己'的国际象棋游戏，那么，我只好把我的愤怒、报复心理，全部狂热地投入这种游戏中。我心里有一种意念要证明自己是对的，然而，我心里也只有另一个自己要与这个意念交战。所以，当我在下棋的时候，我会达到近乎疯狂的亢奋状态。

"起初我还能够心平气和、深思熟虑。我会在两盘棋之间挪出一些时间，休息一下，喘口气，可是后来，我的神经越来越激动，不容我再等。走白子的我刚走了一步棋，走黑子的我已经按捺不住抢着走了。一盘棋刚下完，我就急着向自己挑战，下另一盘棋，因为，每一盘棋，下棋的两个我总有一个会被另外一个打败，于是，那个我就会要求再来一盘，报仇雪恨。我永远也说不清楚，我在被囚禁的最后几个月里，由于这种疯狂的贪婪情绪，究竟和自己下了几盘棋。也许有上千盘，也许更多。那是一种自己无法抗拒的心魔。从早到晚，我什么也不想，整天想着主教、卒子、城堡、国王，想着棋盘上的横线和直线，想着'将军'和'移位'。我把自己的肉体和心灵彻底逼到这些小方格里。下棋，从乐趣变成激情，又从激情变成狂热、癖好、猛烈的狂怒。国际象棋不仅在我清醒的时候纠缠我，也渐渐侵入我的睡梦中。我满脑子只能想棋子，想棋子怎么移动，想国际象棋的问题。有时候，我一觉醒来，额头上满是汗水。我发现，我连睡觉的时候，潜意识里大概也在下棋。如果我梦见的是人，那些人可能也跟城堡、主教一样在移动，像骑士一样前进后退，甚至于我被叫去审讯的时候，我再也不能保持头脑清楚，思考怎么应付他们。我感觉到在最后几次审讯中,我说话颠三倒四、语无伦次,因为,那些审判官不时面面相觑,显得莫名其妙。而事实上,当他们在盘问我,并且互相讨论时,我的心情只能以迫不及待来形容,盼望他们赶快把我带回房间,好让我继续下棋,疯狂地下棋,再下一盘,再一盘,再一盘!

"每一次下棋被打断,我都会觉得受到干扰。甚至连守卫进来打扫房间的那十五分钟和送饭来的那两分钟,我那种狂热、焦躁不安的心情都会饱受折磨。有时候到了晚上,装着午饭的餐盒还原封不动地摆在那里。我下棋下得废寝忘食。我的肉体唯一感觉到的是可怕的干渴。可能是因为不停地思索,不停地下棋,使得我火气上升。我两口就可以把一瓶水喝干,喝不够,我就硬要守卫多给我一点水,可是,隔没多久,我又会觉得口干舌燥,到最后,从早到晚我什么事情也不做,只知道下棋。我的情绪激动到了极点,根本无法安安静静地坐个一分钟。我一边想着棋局,一边不停地走来走去,棋局越接近尾声我就走得越快。赢棋、赢得胜利、打败自己的欲望,渐渐变成疯狂的怒气。

"我焦虑、不耐烦、浑身发抖,因为身上的另一个自己总是嫌对方走得太慢。这个自己就催另一个自己赶快下棋。听起来你也许会觉得很可笑,因为,当我觉得另外一个我还手不够快,我就会大骂自己'快一点!快一点'或是'走啊!走啊'。如今,我当然很清楚,这完全是精神过度紧张的征兆。我想不出这种病态要如何定义,只好发明一个医学史上从来没有听过的术语,叫作'国际象棋中毒'。后来,这种偏执的疯狂不只侵蚀我的头脑,慢慢也开始侵蚀我的身体。我一天比一天消瘦,睡不好,老是乱做梦。每次睡醒,我都要十分费力,才有办法睁开像铅一样沉重的眼皮。有时候,我感觉自己极度虚弱,两手发抖,连杯子都拿不起来。我必须费很大的工夫,才能够把杯子举到嘴边。然而,一旦开始下棋,我的内心就会涌起狂野的力量。我紧握双手,走来走去。有时候,我仿佛隔着一层红色的雾气,听到自己的声音,听到那个嘶哑的声音狠狠地对自己大喊'将军'或是'死棋'。

"我自己也说不上来,这种难以形容的、毛骨悚然的情况怎么会变成危机。我只知道,有一天早上我醒过来,感觉自己和平常不太一样。我的灵魂似乎和肉体脱离了。我躺在床上,软绵绵的,很舒服。我已经好几个月没有享受过这种感觉,眼皮上有一种快意、疲劳的感觉,又温暖,又舒服,一时之间,我舍不得把眼睛张开。醒过来之后,我又躺了几分钟,享受沉重麻木的感觉,所有的感官都失去知觉,就这样整个人懒洋洋地躺在那里。突然,我好像听到后面有声音,有活生生的人在说话。你绝对无法想象我当时的喜悦,因为,最近这一年来,在过去的几个月里,除了审判官那些生硬、刺耳、凶狠的问话之外,我没有听过别的声音。我对自己说:'你在做梦!千万不要睁开眼睛!让这个梦再持续久一点,要不然,一睁开眼睛,你又会看见那间要命的房间,看见那张椅子、洗脸盆、桌子和那片花纹一成不变的壁纸。你在做梦,继续梦下去吧!'

"然而,我还是克制不了自己的好奇心,我慢慢地、小心翼翼地张开眼睛。奇迹出现了,我发现自己躺在另一个房间里,比饭店那个房间要大得多,宽敞得多。窗户上没有栏杆,窗外也没有防火墙,明朗的阳光透过窗户洒满了房间。窗外,翠绿的树木在微风中轻轻地摇摆。雪白的墙壁光滑明亮,头顶上的天花板又白又高。我躺在一张陌生的新床上,床后面有人在低声讲话。这不是一场梦,这是真的。我内心充满惊讶,身体可能不由自主地猛烈动了一下,接着,我立刻就听到脚步声走到我的床边。我看到一个女人静悄悄地走过来,头顶上扣着一顶帽子,是一个护士。我已经整整一年没有看过女人,我全身忽然起了一阵喜悦的痉挛。我目不转睛地注视她清秀的身影。我的眼光想必非常狂野兴奋,因为,护士走过来拼命安慰我:'安静一下,请不要激动!'我集中精神聆听她的声音。真的有人在跟我说话。这个世界上真的有一个不会审讯我不会折磨我的人吗?这真的是令人惊讶的奇迹,因为我听到的是一个女人的声音,一个柔和温暖的声音。我贪婪地望着她的嘴,在地狱中生活了一年之后,我简直难以想象,一个人和另一个人说话,竟然能够这么和蔼可亲。那个护士对着我微笑。是的,她在微笑,没想到这个世界上还有人会亲切地微笑。她把食指放在嘴唇上叫我不要出声,然后就轻轻地走开了,不过,我说什么也不能乖乖听话,这个奇迹我还没有看够呢!我使尽力气想从床上坐起来,看看她,看看这个亲切和蔼的人、这个奇迹。可是,当我想要用力从床上坐起来的时候,却发现自己起不来。原来,我右手手指头和手腕变成一个又圆又大的白包包,显然,我的右手被人用绷带厚厚地包起来了。一开始,我望着手上这团白白厚厚的东西,觉得有点莫名其妙,然后,我渐渐明白自己在哪里了。我绞尽脑汁回想自己发生了什么事。一定是他们把我打伤的,或是我自己把手弄伤的。现在,我躺在医院里。

"中午,医生来了。他是一位很和气很亲切的老先生。他知道我们家族的姓氏,提到我那位当御医的叔叔,脸上充满了敬意。当时,我立刻就感觉到他对我没什么恶意。他和我交谈的时候,问了我许多问题。让我很惊讶的是,他问我是数学家还是化学家。我说都不是。'奇怪,'他嘟哝着,'你昏迷的时候,嘴里大声喊着一些稀奇古怪的公式,什么QB3、QB4,我们没有人听得懂。'我问他,我究竟出了什么事。他很诡异地笑了笑说:'没什么大不了,只是急性的神经错乱。'

"他小心翼翼地四处看了一下,然后压低了声音说:'我了解这是怎么回事。你是三月十三号被关进去的吧?'

"我点点头。

"'被人用这种方法折磨,不发疯才怪,'他低声地说,'你不是第一个被折磨的人。不过,你不用担心。'

"从他轻声细语安慰我的模样,看着他那种充满好意的眼光,我就明白,我在这里很安全。

"两天之后,这位好心的医生很坦白地告诉我事情的经过。守卫听到我在房间里大吼大叫,起先,他以为有人闯进我的房间,而我正在跟那个人吵架。可是,当他把门打开,我立刻就向他扑过去,疯狂地大吼大叫:'你这个恶棍!你这个胆小鬼!这步是什么棋啊!'我嘴里一边大叫,一边企图掐他的脖子。后来,我实在攻击得太凶猛了,他只好大叫救命。看到我那种疯狂愤怒的模样,他们就拖着我去找医生检查。我忽然挣脱,飞身扑向走廊的窗户,一拳打破了玻璃,把手割破了。你看,这里还有很深的伤疤。被送进医院的头几个晚上,我一直在发烧,不省人事。可是那时候,医生认为我的神志完全清醒了。'当然,'医生小声地补了一句,'我最好不要向那些官员透露你的情况,要不然他们又会把你带回那里。你大可放心,我会尽量帮助你。'

"我不知道这位好心的医生究竟向那些折磨我的人说了些什么，反正，他们认为目的已经达到了，就把我放了。也许，那位医生告诉他们，我已经神经失常了。也许在我住院的这段时间，盖世太保认为我已经不重要了，因为希特勒已经占领波希米亚，对他来说，奥地利的问题彻底解决了。我只要签署一份文件，保证在两个星期内离开我的祖国，我就没事了。整整两个星期，我忙着办理成千上万的手续。这些手续，是现代任何世界公民出国旅游的时候都非办不可的：军事机关和警察局的证明、缴税、领护照、出境签证、健康证明。这样一来，我根本就没有时间去回想不愉快的事。似乎有某种神秘的力量，帮助我们调整头脑，自动把那些会伤害我们心灵的危险东西排除掉，因为我发现，每当我开始回想被关在房间里的那段日子，我的脑子就开始糊涂起来。过了好几个星期，也就是上了这艘船之后，我才重新找到勇气，去思考自己究竟遭遇了什么事。

"现在，你应该可以了解，为什么在你的朋友面前，我的行为会如此不得体，甚至让人觉得莫名其妙。当时，我只是碰巧到吸烟室走一走，看到你和朋友们坐在那边下棋，我内心充满了惊讶和恐惧。我不由自主地感觉到，我的脚好像生了根似的，动不了了。我已经完全遗忘，一个人竟然可以坐在真正的棋盘前面，用真正的棋子下棋，我已经完全遗忘，下棋的时候，居然是两个不同的人面对面坐着下棋。我确实花了好几分钟才意识到，这些人在桌子旁边所做的事情，就是我在之前那几个月里所玩的游戏。那些日子，在束手无策的情况下，我把自己当成对手，试着玩的那种游戏。我发现，在当时那种极度艰苦的环境中，我练习下棋所使用的字母和数字，其实只是代用品。你们用骨质的棋子，上面的符号就是我当时所用的字母和数字，我很惊讶地发现，棋子在棋盘上移动，和当时我所想象的情景一模一样。我内心的惊讶，大概和天文学家差不多。天文学家用非常复杂的方法，在纸上计算出新行星的位置，后来，当他抬头一看，果然在天上发现一颗晶莹剔透的星星。我就像被磁铁吸住了一样，凝视着棋盘。我发现，我脑海中所想象的图案，那些骑士、主教、国王、王后、卒子，在棋盘上都变成了真正的棋子，木头雕刻的棋子。为了看到完整的棋局，我必须先把这些棋子从脑海中想象的棋盘移到真正的棋盘上。我终于敌不过自己的好奇心，我想亲眼看看这一盘有两个活生生的棋手互相厮杀的游戏。于是，刚才那一件不愉快的事情就发生了。我把礼貌抛到脑后，很粗鲁地干扰你们下棋。不过，你的朋友走错那步棋的时候，我仿佛感觉有一把刀刺进了我的心。我之所以拦住他，纯粹是一种本能的反应，是一时的冲动，就好像有人看见一个小孩子俯身趴在栏杆上，一定会毫不考虑地把他抓住。比赛结束之后，我才猛然清醒过来，发现自己是多么冒失，多么不礼貌。"

我赶紧向B博士表示，能够在偶然的机会里认识他，我们大家心里是多么高兴。我告诉他，听完他刚才所讲的故事，我觉得，要是明天能够在这一场临时决定的比赛中看他下棋，对我来说将是一件更有趣的事情。听了我的话，B博士的动作显得有点局促不安。

"不要这样，千万不要对我抱太高的期望。对我来说，这场比赛只不过是一场实验……只是想试试看，看看我……是不是真的能够下一盘正常的棋，是不是能够在一面真正的棋盘上，用真正的棋子，跟一个活生生的对手厮杀。因为，现在我越来越怀疑，当时我下过的那几百盘，甚至几千盘棋，是否真的符合国际象棋的规则。我想知道，当年的游戏并非只是梦见自己在下国际象棋，并不只是一种国际象棋的热病，并非只是昏迷状态下的游戏。玩这种游戏的时候，就像在做梦一样。中间许多过程都是一闪而过。你要我很狂妄地认为自己可以向国际象棋大师挑战，甚至向世界首席的棋王挑战，实在是一种奢求，希望你不是认真的。我之所以对这场比赛感兴趣，只是基于事后的好奇。这场比赛，对我有一种无形的吸引力，因为我想确定，我当时在那个房间里做的事情，究竟是真的在下国际象棋，还是一种疯狂的行为。我想确定，当时我究竟是在危险的暗礁前面，还是已经越过了这块危险的暗礁。就是这样，没有别的目的。"

这个时候，船尾响起了锣声，招呼旅客去吃晚餐。我们大概已经聊了两个小时。B博士巨细无遗地说明了他的身世，比我概略的介绍详细得多。我由衷地感谢他，向他告辞。可是，当我沿着甲板走没几步，他又追上来，显得有点焦躁不安。他结结巴巴地告诉我："还有一件事！请你先向那些朋友讲清楚，以免他们误会我没有礼貌。那就是，我只下一盘。下这盘棋，只是为了把往事一笔勾销，彻底了结那一段过去，而不是重新开始。我不愿再次陷入国际象棋的狂热里。每当我回想起从前，心中还是免不了一阵胆战心惊。更何况，当时医生曾经郑重地警告过我：患过偏执狂的人，心灵的伤害是永难磨灭的。得过'国际象棋中毒'的人，即使已经治好了，最好也不要再靠近棋盘。所以，你应该明白我的意思，我就只下一盘，为自己做个实验，绝不再下第二盘。"

第二天下午三点，到了约定时间，我们都准时聚集在吸烟室里。除了我们这群人之外，还多了两个棋迷。他们两位是船上的军官，特地请了假不值班，来看这场比赛。琴多维奇也没有像前一天那样姗姗来迟。两个人按照规定挑选了棋子的颜色之后，一场值得纪念的、无名小卒挑战世界冠军的比赛就开始了。可惜的是，在场围观的，都是像我们这种看不懂门道的外行人，因此，这场棋局厮杀的过程没有被列入国际象棋年鉴的机会，就像贝多芬的钢琴即兴曲在音乐史上永远失传一样。虽然，第二天下午，我们大家聚在一起，努力回想，试图还原整盘棋的过程，最后还是白费力气。也许是因为棋局进行的时候，我们把所有的热情都投注在两个棋手身上，根本没有留意他们怎么下棋。因为，在棋赛进行时，两个对手在举手投足之间表现出来的智力差异越来越明显。琴多维奇活像一具下棋的机器，在整个比赛中像岩石一样动也不动，两只眼睛全神贯注地盯着棋盘。对他来说，思考仿佛是十分耗费体力的动作，必须集中全身的力量和感官知觉。而B博士正好相反，他的举止一派轻松潇洒，落落大方。"业余爱好者"这个字眼最贴切的解释是，游戏的时候应该要得到纯粹的快乐。B博士是一个真正的业余爱好者，他完全放松了身体，在开头那几步棋走完停下来等对手的时候，他一边和我们聊天，一边解释。他从容不迫地点燃一根烟，只有在轮到他的时候，他才会瞄一眼棋盘，仿佛对方走的每一步棋早就在他的意料之中。

开局例行的几步棋下得相当快。一直到第七步或第八步棋，整盘棋的局势渐渐明朗，仿佛事先已经设计好了。琴多维奇思考的时间越来越长，从这一点我们看得出来，真正的生死决战已经开始了。但是，老实说，就像在任何真正的比赛中观战一样，我们这些外行根本看不懂局势的演变，心里不免感到若有所失。因为棋子在棋盘上交错纵横，越来越复杂，我们也越来越看不懂这两个对手究竟是谁占了上风，更猜不透他们心里在盘算什么。我们只看到一个个棋子向前移动，像撬杆似的，想使对方的阵线出现一个缺口，可是，我们无法理解每一步棋背后的战略意图是什么，因为，像他们这种高手下棋，每一步棋都暗藏玄机，为后面好几步棋铺路。

　　后来，我们渐渐感到疲劳，主要是因为琴多维奇停下来思考的时间越来越长。显然我们的朋友也开始不耐烦了。我注意到，这盘棋时间拖得越长，他就越坐立不安，开始在椅子上扭来扭去。没多久，他开始一根接一根地猛抽烟，然后抓起铅笔，在纸上写了些什么。他又向服务生要一些矿泉水，迫不及待地一杯接一杯灌了下去，显然，他对棋局的思考比琴多维奇快一百倍。每次，琴多维奇考虑了很久，好不容易下定决心，用他笨拙的手把一颗棋子往前挪一下，我们的朋友就会露出诡异的微笑，不假思索地回一步棋，仿佛一切早在他的预料之中。他的脑子转得很快，一定早就算准了对手会采取的行动，因此，琴多维奇拖延的时间越长，B博士就越不耐烦。在等待的时候，他紧闭着嘴唇，表情显得有点懊恼，甚至显现出某种敌意。然而，琴多维奇依旧从容不迫，他仍然安安静静地思考，坚毅不挠，棋盘上的棋子越少，他停顿的时间越长。走到第二十四步棋的时候，这盘棋已经整整下了两个钟头四十五分钟，我们已经在棋桌旁边坐得精疲力竭，对棋局有点心不在焉了。船上的军官已经走了一个，另外一个拿了一本书在看，只有在双方移动棋子的时候，他才会抬起头瞄一眼。后来，琴多维奇又走了一步棋，这个时候，突然发生了一件令人意外的事。B博士看到琴多维奇拿起骑士准备往前挪，忽然弓起身子，仿佛猫准备跳起来的模样。他全身发抖，一等琴多维奇移动了骑士，立刻猛然把王后向前一推，得意洋洋地大吼一声："好！这下你完了！"说着，他把身体往后一靠，两只手臂抱在胸前，用充满挑衅的眼神看着琴多维奇。他的眼中忽然闪出炽热的光芒。

我们大家都情不自禁地弯下腰去看棋盘，想看看那步棋有什么玄机，为什么他会这么得意。乍看之下，实在看不出这步棋对琴多维奇有什么直接的威胁。显然，我们的朋友一定是看到这盘棋的结局，知道自己赢定了，才会喊出这句话。我们这些业余的门外汉眼力浅薄，一时还看不出个所以然来。听到那句充满挑衅的话，只有琴多维奇一个人无动于衷。他纹丝不动地坐在那里，仿佛完全没有听见"这下你完了"这句侮辱人的话。他没有半点反应。我们大家都屏住呼吸，鸦雀无声，现场只听得到放在桌上计时的怀表发出嘀嗒嘀嗒的声音。过了三分钟、七分钟、八分钟，琴多维奇还是一动也不动，我似乎可以感觉到他内心的紧张，因为他厚厚的鼻孔张得更大了。

我们的朋友似乎也和我们一样，觉得这种等待的沉默令人难以忍受。他猛然站起来，开始在吸烟室里踱来踱去，起先走得很慢，渐渐越走越快，越走越快。看到他这副模样，大家都有些惊讶，可是，没有人心里比我更焦虑，因为我注意到，尽管他飞快地走来走去，却是在某个范围里绕圈子，仿佛这个宽阔的房间有一道看不见的栏杆，走几步就会碰到，逼得他不得不转身往回走。当他这样走来走去的时候，不知不觉中，他绕步的范围正好和从前他被囚禁的房间大小差不多。这个发现，令我全身汗毛直竖。在他被囚禁的那几个月里，他一定也是这样，两手不停地抽搐，缩着肩膀，像被关在笼子里的动物，跑来跑去。在那里，他一定是这样，不知道跑了几千次，两眼发直，闪烁着疯狂的熊熊火焰。

不过，他的思维能力似乎没有受到伤害，因为他不时把脸转向桌子，一脸不耐烦地看看琴多维奇到底想怎么样。九分钟过去了，十分钟过去了，这个时候，终于发生了我们谁也料想不到的事。琴多维奇的手本来一动不动地放在桌上，没想到，他慢慢举起他那笨拙的手。我们大家都紧张万分地看着他，看他会做出什么动作。可是，琴多维奇没有去拿棋子，反而是转过手来，用手背很果断地把所有的棋子慢慢从棋盘上扫掉。过了一会儿，我们才会意过来：琴多维奇认输了。为了不想在众目睽睽之下被人将军，他决定投降。惊天动地的事情终于发生了：在一个无名小卒，一个二十年或二十五年没有摸过棋盘的人面前，这位囊括了无数次国际比赛锦标的世界棋王竟然投降了。我们的朋友，这位隐姓埋名的陌生人，在这场公开的棋赛中打败了全世界最厉害的国际象棋高手！

我们激动不已，一个个不自觉地跳了起来。每个人心里都觉得应该说几句话，或者用某种行动来发泄一下内心的惊喜。只有琴多维奇一个人静静地坐着不动，神色自若。过了一会儿，他才抬起头来，用他那呆滞的眼光望着我们的朋友。

"再下一盘吗？"他问道。

"那还用说。"B博士迫不及待就答应了。我听了，内心隐隐有一种不安。我想提醒他自己说过的话：只下一盘，绝不下第二盘。可是来不及了，他已经坐下来，迫不及待地把棋子重新摆好了。由于动作太激烈，有一颗卒子从他颤抖的指缝间滑落到地上，掉了两次。看到他很不自然的激动模样，我心里的不安渐渐转变成忧虑。他原本是一个安详的人，如今显然变得过度兴奋。他的嘴角抽搐得越来越厉害，全身发抖，仿佛感染了严重的寒热症。

"别下了！"我在他的耳边轻声地说，"现在不要下！今天就到此为止吧！这样太伤神了。"

"伤神！哈哈！"他轻蔑地大笑说，"要是不磨蹭太久，我都已经下了十七盘了！唯一会让我伤神的是，用这种速度下棋，我得努力让自己不要睡着。好！我们开始吧！"

最后这几句话，他是用一种激烈得几近粗鲁的口气，冲着琴多维奇说的。琴多维奇心平气和、不慌不忙地看了他一眼，他那呆滞的眼光中仿佛有一只紧握的拳头。那一瞬间，这两个棋手之间出现了前所未有的气氛：一种危险的紧张、强烈的仇恨。他们两个人下棋，不再只是为了探探对方有多少本事，而是把对方当成仇敌，发誓要消灭对方。琴多维奇犹豫了很久才走出第一步，然而，我可以明显感觉到，他是故意的。这位训练有素的战略家已经发现，只要他故意慢慢下棋，对方就会精疲力竭、火冒三丈。所以，他坐在那里，足足等了四分钟，才用最普通最简单的方式开了棋，也就是按照惯例，把国王前面的卒子向前移动两格。我们的朋友立刻把他国王前面的卒子向前推，可是琴多维奇又停下来休息了很久，久得令人难以忍受。就像一道强烈的闪电过后，大家屏住呼吸等着轰隆的雷声传来，可是始终听不到雷声。琴多维奇纹丝不动地坐在那里，静静地、慢慢地思考着。我越来越清楚感觉到，他的居心非常恶毒，不过，这样一来，我也有了足够的时间去观察B博士。B博士刚把第三杯水灌了下去，我不禁回想起，他曾经告诉过我，他被关在房间里的时候，常常像发烧似的干渴难耐。他已经显现出异常激动的所有征兆：我发现他的额头冒出了汗珠，手上的伤疤显得更红、更深。不过，他目前还能够克制自己。一直到了第四步棋，琴多维奇还是一样漫无止境地思考，B博士终于失去控制了。他突然冲着琴多维奇大吼了起来："老天！拜托你赶快走吧！"

琴多维奇抬起头来，冷冷地看了他一眼："如果我没有记错，我们好像说好了，每步棋思考的时间是十分钟。原则上，我每一步棋都要想十分钟。"

B博士咬了咬嘴唇。我发现，他的后脚跟在桌子底下敲打着地板，显得越来越焦躁。我自己也不由自主地越来越紧张。我有一种不祥的预感，心里很苦恼。我很担心，某种疯狂因子正在他体内慢慢酝酿。果然，到了第八步棋，又出事了。B博士越等越不耐烦，他已经控制不了内心的紧张情绪。他坐在椅子上摇来摇去，手指头不自觉地在桌子上敲打起来。琴多维奇再次抬起沉重硕大的脑袋。

"请你别敲桌子好吗？这样会干扰到我，我是没办法下棋的。"

"哈哈！"B博士笑了一声，"这还用你说吗？大家都很清楚。"

琴多维奇涨红了脸。"你这话是什么意思？"他以尖锐而愤怒的语气质问博士。

B博士又恶毒地笑了笑："没什么，我只是说，你显然已经招架不住了。"

琴多维奇不吭声，把头低下去。

一直等了七分钟，他才走下一步棋。这盘棋就这样以慢得要命的速度，拖拖拉拉地进行。琴多维奇越来越像一尊石像，到后来，他总是想足了十分钟，才决定走下一步棋。每停顿一次，我们朋友的举止就变得更奇怪。看起来，他似乎不再关心这盘棋了，他的心思仿佛已经被另外一件全然无关的事情盘踞了。他不再匆促地走来走去，而是动也不动地坐在位子上。他两眼发直，露出迷惘的神情，呆呆地注视着前方，不停地喃喃自语，说些莫名其妙的话。我暗自揣测，他可能沉浸在无穷尽的棋局联想中，也可能在构思另外的棋局，因为，每当琴多维奇走完一步棋，都要别人提醒他，他才会从失魂落魄的状态中清醒过来。然后，他要花上一分钟的时间，才能回想起这盘棋走到哪里了。我越来越怀疑，他的精神病已经悄悄地发作了，他可能早就把琴多维奇和我们大家都忘得一干二净。而这种精神病很可能会猛烈爆发。果然，下到第十九步棋的时候，危机爆发了。琴多维奇一移动他的棋子，B博士没有看棋盘一眼，就突然把他的主教向前推了三格，然后大叫起来，把大家吓了一跳："将军！将军！"

我们大家都以为他走了一步妙棋，立刻盯着棋盘。可是，一分钟之后，发生了我们都料想不到的事。琴多维奇很慢很慢地抬起头来，逐一看着我们每一个人的眼睛。之前，他从来没有这样看过我们。他似乎是在尽情享受着某种滋味，因为他的嘴角渐渐浮出心满意足、带着明显嘲讽意味的微笑。对他而言，我们的茫然就是他最大的胜利。等到他享受够了胜利的滋味之后，他才用虚伪的礼貌对我们说："很抱歉，我实在看不懂这是什么'将军'。各位先生有谁看得出来我的国王被将军了吗？"

我们大家看了看棋盘，然后忐忑不安地看着B博士。连小孩子也看得出来，琴多维奇的国王有一个卒子保护着，丝毫不受主教的威胁，因此，他的国王根本不可能被将军。我们大家都不安起来，难道我们的朋友一时情急，多走了一格，还是少走了一格？我们陷入沉默。这个时候，我们的沉默仿佛唤醒了B博士，他注视着棋盘，情绪开始激动起来，结结巴巴地说："可是，国王应该在KB7上面啊……它的位置错了，完全错了。你下错了！这个棋盘上所有棋子的位置都错了……这个卒子应该在KKt5，而不应该在KKt4。这根本是另外一盘棋……这是……"

他突然不说话了。我用力抓住他的手臂，或者应该说，我狠狠掐了一下他的手臂，这样一来，即使他在发烧或是神志不清，他也会感觉到我在掐他。他转过头来，像个梦游的人似的盯着我。

"你有什么事？"

我什么也没说，只是说了声"记住"，同时用手指头摸一下他手上的伤疤。他不由自主地模仿我的动作，眼睛呆呆地望着那条血红的伤痕。然后，他突然开始发抖，全身抖个不停。

"我的天啊！"他嘴唇发白，低声地说，"我又说了什么傻话，或是做了什么傻事吗？……难道我又……？"

"没有，"我在他耳边轻声地说，"可是，你必须立即停止下棋，现在已经到了紧要关头。记住医生交代你的话！"

B博士猛然站起来。"请原谅我愚蠢的错误。"他又恢复了原先那种彬彬有礼的态度，并且向琴多维奇鞠了一躬说，"我刚才说的话，当然完全是胡言乱语。不用说，这盘棋你赢了。"然后，他又对我们说："各位先生，我也要请求你们原谅。不过，我事先已经警告过你们，不要对我期望太高。请各位原谅我出了丑，这是我最后一次下国际象棋。"他鞠个躬就走了，那种神情就像他最初出现的时候一样，谦虚而又神秘。只有我一个人知道，为什么这个人这辈子再也不会去摸国际象棋，而其他人大都感到有点茫然，心里隐隐约约感觉到，刚才差一点就卷入一件很不愉快的危险事件。"该死的笨蛋！"麦肯纳失望之余，嘀嘀咕咕地骂了一句。最后一个站起来的人是琴多维奇，他还瞄了一眼那盘残棋。

"真可惜，"他用猫哭耗子的口气说，"这个进攻计划安排得真不错啊！以一个业余爱好者来说，这位先生真是个罕见的天才。"

看不见的珍藏

（德国通货膨胀时期的一个插曲）

列车从德勒斯登开出，到了第一个交会站，一个上了年纪的先生上了车，走进我们的车厢，微笑着跟大家打招呼，然后，他特地朝我点点头，好像在跟老朋友问好似的。一时之间，我怎么也想不起来他是谁。看我一脸茫然，他立刻自我介绍，说出自己的姓名。我想起来了，他是柏林地区最有声望的艺术古董商之一。在战前的和平时期，我经常到他店里去参观，买一些旧书和作家的手迹。起先，我们随便聊着一些平常的话题。突然，他话锋一转，跟我说：

"我要告诉你一件我刚刚遇到的奇事。这可是我从事古董生意三十七年来碰到的第一桩怪事，这些年来，货币的价值就像放出来的煤气一样，转眼间消失无踪，现在的古董市场是什么样的状况，你应该也相当清楚。那些暴发户不知道为什么突然对哥特式的圣母像和古版书，还有古老的刻蚀画和画像大感兴趣；不管提供多少商品，都不能满足他们的要求，甚至还得拼命劝阻他们，才不至于让他们把店里的东西一扫而空。他们几乎连我衬衫上的袖扣和桌子上的台灯都想抢购。所以，我们必须源源不断地补进新货。请你原谅我这么说，没想到我们一向以敬畏之心看待的艺术品，现在竟然被称为货物。可是，这些家伙的买卖方式，已经使得我们习惯把一幅绝妙的威尼斯古版画，或是古埃齐诺的素描看作是美金或法郎的化身。有钱人那种一窝蜂的抢购风潮，我们根本抵挡不了。所以，一夜之间，我店里面的东西都被他们搜刮得一干二净。我们这家老字号的古董店，是由我祖父一手创建，再传给我父亲的。现在，传到了我手上，店里却只剩一些寒碜不堪的下等货，要是在战前，这种货色是连北方那些街头小贩都不屑于卖的。我觉得自己真是丢脸极了，恨不得马上把店门关上，停止营业算了。

"不过，正当我进退两难的时候，我灵机一动，想到何不查一查过去的老账本，找找以前几个老主顾的数据，可能的话，也许可以从他们那里再买回一些复本。不过，这些老主顾的名册就好像是一大片荒凉的坟地，尤其是现在这种时候，能提供给我的线索实在不多。大部分的老主顾为了应付生活，老早就被迫把收藏拍卖掉了，要不然就是早已离开人世。至于硕果仅存的少数几位，我想大概也不必抱太大的希望。当我正准备放弃的时候，突然翻到一沓书信，很可能是我们店里在创业时一位老主顾写来的。不过，自从一九一四年大战爆发以来，他就没有再向我们订购或是询问过任何艺术品，所以，我根本就把他给忘了。从信件记载的时间推算，他几乎从六十年前就开始寄信给我们了，这可是一点也不夸张。他早在我祖父和我父亲经营这家古董店时，就买过东西了，可是，在我接手经营的这三十七年以来，我不记得他曾经踏进我们店里。从所有的迹象显示，大概可以推断出，他是一个脾气古怪、旧式社会里的老顽固，是一个像我们在笑话里听到的，或者类似斯比茨维克笔下形容的那种，早就不存在的老式德国人。而这一类的人能存活到我们这个时代已经少之又少了，也许在一些乡间的小镇，还偶尔可以看到这种罕见的怪人。他的书法写得好极了，非常的工整，简直可以说是上品。他在每个钱数的下面还特地用尺画上红线，而且，为了避免出错，每个数字都要写上两遍；此外，他还把别人寄给他的信上空白裁下来，也把旧信封翻面拿来当信纸用。从这来看，他真是一个生性小气又吝啬寒酸的乡下人。他寄来的奇怪信件上面，除了签上他自己的姓名之外，还注明了他所有复杂的头衔：退休林务官兼经济顾问，退役中尉，获一级铁十字勋章荣誉者。这位一八七○年战争的退役老兵，现在如果还活着，至少也有八十岁了。可是，这位看起来相当古里古怪、节约小气的老人，在古代蚀刻画的收藏上，却表现出超乎常人的聪明才智，以及异常丰富的专业知识、高雅不凡的艺术品位。我把他将近六十年的订单按照时间顺序慢慢地整理，发现其中第一张订单还是用银币估价的呢。我还发现，这个名不见经传的外省人，一定早在一大堆最精美的德国木刻只值一个塔勒的时代，就一声不响地收购了一批铜版画，那些收藏几乎可以和暴发户那些名气响亮的收藏相媲美。因为，单单半个世纪以来，他每次在我们店里花几个马克，或是几个芬尼买下来的东西加起来算一算，到今天已经是价值连城了。除了和我们店里交易之外，相信他在拍卖行或其他的古董商手里也买到不少的便宜货。他从一九一四年以来就没有再寄过订货单来，可是，以我对古玩市场各种行情的熟悉程度，如果这一批版画曾经公开拍卖或是私底下交易，我绝对不可能不知道的。所以我认为，这位奇人异士现在应该还活着，要不然就是这批收藏已经传给他的继承人了。

"想到这里，我越来越好奇了，所以第二天，也就是昨天晚上，我马上买了火车票，跳上火车，直接前往位于萨克逊的乡间小镇，那是一座很普通、很寒碜的小城镇。走出小火车站后，我沿着小镇的主要街道边看边走。我实在很难想象，在这些属于小市民阶级的、外观平凡的、品位低俗的房子当中，居然会有一户人家，拥有伦勃朗无比精美的画，以及全套的丢勒和曼台涅的铜版画。我走进邮局打听，问问是否真的有这么一位林务官或者经济顾问官住在这里。大家告诉我说，这位老先生确实还活着，着实叫我大吃一惊。于是，我迫不及待地动身前往，希望能够在午饭之前拜访他。老实说，当时我的心里还真的有些紧张。

"我很快就找到他的住处，他住在一栋盖得很简陋的乡村楼房的第三层楼上。这种楼房大概建造于上世纪的六〇年代，可能是个投机的三流建筑师随随便便盖起来的。住在二楼的是个老实的裁缝师傅。三楼左边的房门上挂着一块闪闪发光的铜牌，上头刻着邮政局长的名字；右边房门上的瓷牌则写着这位林务官兼经济顾问官的姓名，总算让我找到了。我有点犹豫地按了一下门铃，门马上就打开了，是一位头上戴着干净的黑色小帽、年纪相当大的白发老太太开的门。我将名片递给她，问她林务官是否愿意见客。她起初带着惊讶和怀疑的眼光看我一眼，然后又低头看看我的名片。不管是对这座与世隔绝的小城镇，或是对这幢旧式的房子来说，从外地来的访客似乎是一件大事。不过，她还是很和蔼地要我稍等一下，然后拿着我的名片，转身走进屋里。我在门外听见她在屋里对某个人轻声说话，突然，传来一个非常洪亮的男人声音说：'喔……是柏林来的R先生，他是那家大古董店的老板……快请他进来，快请他进来，我很想见见他！'这个时候，老太太马上踩着小碎步很快地走到门边，请我进起居室。

"我顺手脱下了衣帽，跟着老太太走进去，那是一间陈设简单的起居室，有一位年纪很大但是身体似乎还很强健的老人直挺挺地站在中间，他脸上蓄着浓密的口髭，身上穿着镶边的、半似军装的家常便服。他十分亲切地向我伸出双手。从他伸手的姿态，可以感受到他发自内心的喜悦与欢迎之情，可是，这和他僵硬不自然的站姿似乎有些矛盾。因为他站着一动也不动，我只好自己走向前去跟他握手。本来，我心里还觉得有点不大高兴。可是，当我走向他要去握他手的时候，我发现他的双手一直保持在原来的高度，也不来握我的手，而是等着我去握。刹那间，我恍然大悟，原来这个老人是个瞎子。

"从小，每次我看见瞎子，心里总是不舒服。想到他们好端端地活着，同时也很清楚地知道，他们感觉我们的方式，跟我们感觉他们的方式不同，心里总会有些遗憾和不自在。就像现在，在老先生稍稍上扬的浓密白眉毛下面，我看到一双直视着前方、却什么也看不见的眼睛时，我必须努力压抑心里的惊讶与惶恐。不过，这位盲眼的老先生可不让我有时间去理会内心的感受，我的手才碰触到他的手，他马上就使劲握了起来，并且再一次兴高采烈地大声向我表示欢迎：'稀客，真是稀客！'他满脸笑容地对我说，'这可真是个奇迹，柏林的大老板竟然会光临寒舍！不过，要是有这么一位大生意人坐上火车的话，咱们就可得多加小心啊！咱们家乡有句俗话说：吉卜赛人来了，快把房门和口袋关好！没错，我猜得到，您是为了什么缘故来找我的。在我们可怜、日益衰败的德国，生意越来越难做了，没有什么买主上门，所以，大老板想到了以前的老主顾，就转过头来寻找他们的羊群了。不过我想，恐怕你在我这里是做不成生意了，我们这些可怜的老退休人员要是有口面包吃就心满意足了。再说，现在的价格发了疯似的拼命往上涨，我们哪有能力奉陪啊？我们这号人物是要永远退出了。'

"我连忙向他解释，说他误会我的来意了。我会到这里来，并不是想要卖些什么东西给他，而是因为我刚好路过这里，因为他是我们这家老店多年的老主顾，更是德国最大的收藏家之一，所以我就趁这个机会来拜访他。我刚把'德国最大的收藏家'这几个字说出口，老人的脸上就有了奇怪的反应。他虽然还是一样直挺挺地站在那里，脸上却突然发亮，看得出来他的心里相当得意。他还把脸转向他估量是妻子站的方向，似乎是在跟她说：'你听见了吧！'接着，他又转过脸来对我说话，他的声音充满了愉悦，跟刚才讲话时的老军官式的粗暴语气截然不同，而是温柔，甚至可以说是很感性地对我说：'你真是太客气了。不过，你这一趟也不至于白跑。我有些东西要让你看看，这可不是你每天都能看到的，就算是在奢华的柏林城里也不见得。我想让你看看我收集的几幅画，即使是在阿尔柏尔提那，或是受人诅咒的巴黎，也找不到比它们更精致的东西。可不是吗？我整整收集了六十年，当然会收集到各式各样的好东西，这些东西可不是平常随便在马路边就看得到的。路易丝，把柜子的钥匙拿来给我！'

"可是，这个时候发生了一件出乎我意料的事。站在他旁边的老太太，原本一直带着客气的微笑，静静地听我们说话，可是，听到老先生说的话时，她突然举起双手向我做出哀求的手势,还一直对我猛摇头。起初,我还弄不明白,她想表达什么意思。接着,她走到她丈夫面前,把手轻轻地放在他的肩膀上,提醒他说:'赫尔瓦特,现在已经是吃午饭的时间了,你应该问问这位先生有没有空欣赏你收藏的画。更何况,医生再三叮咛你,吃完午饭你必须休息一个小时。等吃过饭,我们再把你那些收藏拿给这位先生看,再一起喝咖啡,这样不是更好吗?再说阿纳玛丽那时候也回来了,这些东西她比较了解,到时候还可以帮帮你的忙!'

"她一说完这些话,又从这个丝毫未起疑心的人身后,再次急切地向我做出那个央求的手势。这一次,我终于了解她的意思了。她希望我婉拒现在观赏他的藏画,所以,我临时编了一个借口,谎称有朋友要请我吃饭。当然,能够欣赏他的收藏,对我来说是一件乐事,也是莫大的荣幸,不过得等到下午三点以后,我才有空,到时候我很乐意再次来访。

"老先生听了以后,显得不太高兴,像一个被人拿走了心爱玩具的小孩子,生起气来。他转过身去,嘴里嘟嘟囔囔地说道:'我就知道,这些柏林来的大商人忙得很。可是,这一回你一定要挪出时间来;因为,我要展示给您看的不是只有三五幅画而已,而是二十七本之多,每一位大师的作品,都有一本专门收藏的画夹子,而且几乎每一本都夹满了。那好吧,下午三点就下午三点吧!可是,请你务必准时,要不然我们可能就看不完了。'

"他再一次把手伸向空中等我来握,'你等着瞧吧,你一定会很高兴,也许也会很懊恼。不过,你越是恼火,我就越高兴。我们这些收藏家就是这个样子,收藏都只是为我们自己,绝对不会割爱的!'说完,他又再次使劲儿地跟我握手。

"老太太一直送我到门口。在这段短短的时间里,我注意到她心里似乎很忐忑不安,脸上现出既尴尬又担心的神情。一走到门口,她就压低了嗓子,结结巴巴地说:'可以让……可以让……我女儿阿纳玛丽在你到我家来之前,去接你吗?……由于一些不得已的苦衷……我觉得这样比较妥当一点……你应该是在旅馆里用餐吧!'"

"'是的。如果令嫒能够来接我,那再好不过了,我将感到非常荣幸。'我回答说。

"果然,大约一个小时以后,我在市集广场旁边那家旅馆的小餐厅里刚吃完午饭,有一个不太年轻的姑娘走了进来。她的穿着打扮非常朴素,一进门就四下张望地找人。我走过去,向她自我介绍,告诉她我已经准备好了,可以马上跟她一起去看收藏。听到这里,她的脸突然涨得通红,跟她母亲一样,一脸慌乱和尴尬的神情。她问我是不是可以先跟我谈谈。我立刻发现,她似乎有什么难言之隐。每次她好不容易鼓起勇气,想要开口说话,一大片尴尬不安的红晕就会从她的脸颊涌上额头,她的手也会不断地摆弄衣服。最后,她终于断断续续地说了起来,不过在同时,她的神情一再陷入迷惘:'我母亲要我来找您的……她把事情的经过都告诉我了……我们有一件事想拜托您……趁您还没去见我父亲之前,我们想先让你了解一下……我父亲他当然想要把他的收藏拿给你看,可是,这些收藏早就不齐全了……已经缺了好几幅……很遗憾的,甚至可以说,缺得相当多……'

"说到这里,她不得不停下来喘口气,然后,她突然盯着我,又急匆匆地往下说:'我坦白跟您说……您也很清楚现在这个局势,我想,您应该能理解我所说的情形……大战爆发以后,我父亲的双眼就完全失明，在这之前，他的眼睛就常常出毛病。后来因为情绪太过激动，使得他的视力完全丧失了——原本大战刚开始的时候，尽管已经是七十六岁高龄的老先生了，他还是满腔热血地想要加入军队，去和法国作战。因为德军无法和一八七〇年的时候一样，长驱直入对方的阵营，他相当地气愤，于是，很快他的视力就一天不如一天了。不过，除了眼睛以外，他身体还是十分硬朗，不久以前他还可以出去散步，一口气走上好几个小时，甚至出去打猎，这是他喜爱的消遣。可是，他现在已经没办法出去散步，那么，藏画就是他仅剩的乐趣了。他每天都会拿出来看……我的意思是说，他当然不能再用眼睛看了，他现在什么也看不见，可是，他每天下午都会把所有的画夹拿出来，至少他还可以摸一摸，按照一定的顺序一张一张地摸，几十年下来，他都摸熟了……现在，除了报上我每天都得念给他听的各种拍卖的消息，别的东西都不能引起他的兴趣了。听到价钱上涨得越高，他就越高兴……因为……可怕的就是这个，父亲根本就不懂现在物价和时势……他也不知道，我们早就坐吃山空，每个月靠他的养老金，根本维持不了两天的生活……再加上我妹夫又阵亡了，丢下我妹妹带着四个孩子——可是，我父亲对于我们这些生活上的窘困一无所知。刚开始我们尽量节省开支，比以前更节省，却无济于事。后来，我们开始变卖东西换钱——当然，我们还不敢碰他心爱的藏画……我们变卖了仅有的一点点首饰，可是，天知道，那换得了多少钱！这六十年来，我父亲把每一个能省下来的铜板都拿去买他的画了。到最后，家里什么也没有了……我们真不知道这种日子要怎么过下去。走到这个地步，我母亲和我不得不拿一幅画去卖，我父亲当然不会答应我们拿他的画去卖，可是，他根本不知道，现在的日子有多么难过，他根本也想象不到，想在黑市换点粮食回来有多么不容易，他甚至不知道，我们已经打败仗了，阿尔萨斯和洛林也割让出去了；因为我们在读报的时候，都不敢把这些消息念给他听，怕他太过于激动。

"'我们卖掉的那一幅画非常珍贵，是一幅伦勃朗的蚀刻画。古玩商出价好几千马克，我们原本指望好好利用这笔钱，也许还可以维持几年生活。我们把多余的钱存进银行里，没想到两个月以后，这笔钱就变得一文不值了。逼不得已，我们只好卖了一张又一张，但是商人们付钱总是拖拖拉拉的，等到钱寄来了，也已经值不了多少。后来，我们把画拿到拍卖行去试试看，可是，即使是在拍卖行里，尽管有人出价好几百万，我们还是一样受骗上当。因为，等我们把这几百万拿到手的时候，那些钱早就变成一堆毫无价值的废纸。于是，为了维持我们最起码的生活，我父亲收藏中最好的珍品，包括好几幅名画在内，就这样慢慢地流失掉了。我父亲对这件事毫不知情。

"'所以，今天您忽然来访，把我母亲吓坏了。要是我父亲刚才把画夹打开给您看，我们就完了。那些老旧的厚纸框，我父亲只要用手一摸就知道，里面夹的是哪一幅画；因为画的顺序他都清清楚楚地记在脑子里了。为了蒙骗他，我们把一些仿制品或者类似的画页放在原来的纸框里，代替那些被卖掉的画。这样他摸的时候，就不会有所怀疑。他只要能够摸摸画页，数一数它们的数量，就跟能亲眼看到它们的时候一样高兴。而且，我父亲认为在这座小城镇里，根本没有什么人有资格欣赏他的宝贝；他对每一张画都爱若至宝，我相信，万一他知道手里摸的画早就散失了，他一定会很心痛。自从德累斯顿蚀刻画馆的前任馆长过世以

后,这些年来,您是他的第一个知音,他当然很想把他的宝贝展示给您看。所以我请求您……'

"这个年华逝去的小姐突然举起双手,眼里闪烁着泪光。

"'我们请求您……为了不让他伤心……为了不让我们难过……请您不要把他这个唯一的生活乐趣给毁掉,希望您能帮助我们,让他继续相信,他向您描述的所有藏画,都还存在……要是让他知道了实情,他一定活不下去了。也许我们这么做很对不起他,可是,我们实在没有别的办法了,人总得活下去啊!我们人的性命,还有我妹妹四个没有父亲的孩子,总比那些画纸重要吧。况且,到今天为止,我们从来没有剥夺过他这个唯一的乐趣;每天下午,他只要能把那些画夹拿出来,翻上两三个钟头,然后跟老朋友聊天似的,和每一幅画说上一阵,他就很高兴了。而今天,说不定会是他最幸福的一天。他盼这一天已经盼了好久,他一直希望有一天能够展示他心爱的宝贝给真正识货的人欣赏;所以,我拜托您,我举起双手恳求您,请您千万不要破坏了他这一生最大的快乐。'

"她的话说得那么感人肺腑,我的转述,根本无法真切表达那种感情。上天保佑,身为一个古董商,我确实看过许多人被卑鄙的商人洗劫一空,或是被通货膨胀整得倾家荡产,他们祖传下来的百年古物,就这样被骗子用一个黄油面包的代价给骗走。但是,命运之神却在这儿创造了一个感人的奇迹,使我的内心十分激动。不用说,我当然答应她要守口如瓶,并且尽我的能力帮忙她们。

"于是,我们就一起到她家去。一路上,她告诉我,一些恶劣的商人用极为便宜的价钱欺骗她们这些可怜的无知女人,令我更加义愤填膺,不过,也因此更加坚定我想竭尽全力帮助她们的决心。我们爬上楼梯,才刚推开门,就听见老人在起居室扯开嗓门高兴地说:'快进来!快进来!'相信凭着盲人敏锐的听觉,他一定早在我们上楼的时候,就听见我们的脚步声了。

"'赫尔瓦特急着把他的宝贝展示给你看,连午觉都睡不着了。'老太太带着笑意对我说。她的女儿向她使了个眼色,所以她已经明白,我愿意全力帮忙,老太太放心多了。桌子上摆着一大堆画夹,正等着人观赏。老先生一摸到我的手,也不浪费时间跟我客套,就一把抓住我的手臂,把我按在软椅上。

"'好,我们现在就开始看吧!要看的东西可多着呢,而我们柏林来的先生又老是腾不出时间!首先,第一个夹子收的全都是大师丢勒的作品,你应该看得出来,我收集得相当齐全,而且一幅比一幅还要精美。喏,你自己来判断,你自个儿瞧瞧!'说着他就马上打开画夹的第一幅说,'这是《大马图》。'

"然后,他就好像拿着易碎物品似的,小心翼翼地用指尖从画夹取出硬纸框,里面嵌着一张发黄了的白纸。他满怀热情地把这张一文不值的废纸举到面前,很仔细地端详了几分钟,可是实际上他什么也看不见。接着,他又把手指叉开,兴高采烈地把这张白纸举到眼前,这个时候,他的脸上现出一种十分迷人的、专注凝视的神情。突然间,不知道是因为纸上的反光,还是一种来自内心喜悦的反应,他那双僵直无神的眼睛竟然闪闪发亮,闪烁出一种智慧的光芒。

"'怎么样,'他很得意地说道,'你看过比这幅更加精美的复印画吗?每个细部的线条都印得那么清晰,轮廓又是那么分明。我把这张画和德累斯顿复印版的画比较过,德累斯顿版那张显得平板多了。我们再来看看它的来历，你瞧瞧这里——'他把画页翻了过来，用指甲很熟练地指着这张白纸的某些地方，他那种自然的动作，使得我也不由自主地望了纸张一眼，看看他所指的地方是不是真的还盖着图章。'你看，这里盖着那格勒藏画的图章，这个是收藏家雷米和艾斯代勒的图章。在我之前拥有这幅画的著名收藏家，他们大概一辈子都料想不到，这幅画居然会跑到这间陋室里来。'

"听到这位丝毫没有半点疑心的老人如此热情地夸耀一张什么都没有的白纸，我不禁起了一阵寒战。又看到他用指甲毫厘不差地指着只存在他的想象中的收藏家的图章，真叫人毛骨悚然。由于太过于惊恐，我的喉头好像被什么东西堵住似的，发不出声音来。慌乱之中，我抬起头看了看那两个女人，又看到老太太浑身打哆嗦，激动地举起双手，做出恳求的手势。于是，我振作一下精神，扮演起自己的角色：'这简直是令人拍案叫绝！'我终于结结巴巴地说道：'真是一张精美绝伦的好画！'一听到我说的话，老人的脸上马上现出得意的神情。'不过，这还算不了什么，'他洋洋得意地说，'你还得再看看《忧愁图》，或者《基督受难图》，这才是真正精工印制的画。这种质等的画，从来没有印过第二回呢！你看看，'说着，他的手指又很轻柔地抚摸一幅他想象中的画，'瞧瞧它的颜色多么新鲜，笔力多么遒劲，色调多么柔和。相信不管是柏林的大老板，或是博物馆的专家看到了，没有不神魂颠倒的。'

"他滔滔不绝、得意洋洋地边夸耀边让我看他的收藏，整整忙了两个小时。就这样，我和他一起看了一两百张废纸，或是蹩脚的仿制品，可是，一直记在这个可怜、丝毫没有半点疑心的老盲人的脑海里的，却是真品的模样；所以，他可以不出任何差错地、按照准确无误的顺序，很精确入微地夸赞和描绘每一幅画。喔，我实在无法向你描述，当时的情形是多么令人毛骨悚然！那些看不见的珍藏，早已随风飘散、荡然无存了，但是，对于这个老盲人，这个令人感动的受骗者来说，它们还是完整无缺地存在着，存在他的记忆里。而他从想象中产生的激情是如此震撼，使得我差一点开始相信它们其实是存在的。不过，在整个观赏过程中，有一次，他似乎感觉到有什么异样，他那像梦游的稳健差一点就被打断了，不能继续充满热情地描述下去。当时，他拿起一张伦勃朗的《安提莪普》（这是一幅试印的复制品，真品确实非常值钱），又开始夸奖印刷的清晰度，说着说着，他那感觉敏锐的、神经质的手指头，充满柔情地在纸上顺着印刷的线条描绘着这幅图画。可是，他那些已经被训练得很敏锐的触觉神经，在这张陌生的纸上并没有触摸到他想象中的凹纹，于是，他突然皱起眉头，声音也慌乱起来了：'这个好像……好像不是《安提莪普》吧？'他喃喃自语，神情有些狼狈。为了消除他的疑虑，我马上采取行动，急忙把这幅夹在框子里的画从他手里拿过来，然后以热情的口吻，大肆描绘这幅我也相当熟悉的蚀刻画一切可能的细节。于是，老先生那张原本变得相当尴尬的脸，慢慢地缓和下来。而我越是赞扬，这个饱经沧桑、老态龙钟的老人就越高兴，可以明显看出他那发自内心的深情。'我总算遇到了识货的行家！'他很得意地转过头去，向他的妻女们欢呼，'我总算找到一个真正内行的人，你们该仔细听听，我这些画有多值钱。她们老是忧心忡忡地怪我把所有钱都拿去买画。不过，这话一点也不假，这六十年来，我既不喝酒、也不抽烟，我从不出外旅行，甚至不看戏，也不买书，就为了能把钱省下来，好买这些画。不过，你们放心，有一天，等我不在人世了，你们就会发现，你们将变成富翁，比我们城里任何人都还要有钱，就跟德累斯顿最富有的阔佬一样有钱。到时候，你们就会因为我做的这件傻事而感到高兴了。但是，只要我还活着，这些画就一幅也不准离开我的屋子……你们得先把我抬出去埋了，才可以把我的收藏拿走。'

"他一边说着，一边用手指温柔地抚摸一下那些早就空空如也的画夹，就像在抚摸一些有生命的东西。这真是一幅既诡异又动人的画面，在大战持续进行的这些年里，我从来不曾在一个德国人的脸上看到如此纯净、幸福的表情。他的妻子和女儿站在他身边，奇特的是，她们跟那位德国大师的蚀刻画上的妇女形象是那么的契合。画上画的是妇女前往救世主的坟墓前瞻仰，可是看到被打开的墓穴里空无一物，她们站在墓穴前，脸上显出恐怖害怕的表情，同时也显出虔信、高兴、看见奇迹的狂喜。那些女门徒的脸上因感受到救世主的神力，显得光芒四射。老人身旁的这两位日渐衰老、饱受风霜、愁苦可怜的小资产阶级妇女脸上，则因为老人的这种天真烂漫的幸福而洋溢着无比的喜悦，她们脸上带着微笑，同时又泪流满面，这么令人激动的景象，我还是第一次看到。可是，这个老人一听到我夸赞他的收藏，就没完没了了。他拼命地翻着画页，如饥似渴地听我说出每一句话。到最后，老人很不乐意地答应腾出桌子来放咖啡，他的妻女好不容易把那些骗人的画夹推到一边，这个时候我才松了一口气。不过，和这位突然年轻了二十岁的老人那种激烈、高涨的欢愉情绪，以及他手舞足蹈的模样相比，我这种带着内疚情绪的轻松心情又算得了什么！他口若悬河地讲了许多买画寻宝的小故事，并且一再站起身来，不需要任何帮忙地，自己去抽出一幅又一幅的藏画，他就像个喝醉酒的人，情绪非常高亢。可是，后来我告诉他，我必须先行离开了，他似乎吓了一大跳，就像一个耍脾气任性的小孩，一脸的不高兴，还赌气地跺脚说：'不行，你不可以走，你都还没有看完一半呢！'两个女人好说歹说，好不容易才让这个固执的老人明白，他不能再留我了，否则我会赶不上火车的。

"经过一番绝望的挣扎，他终于顺从了。当我们握别的时候，他的声音变得非常柔和，他握住我的双手，用他充满感情的手指，爱抚似的沿着我的手一直抚摸到我的手腕，似乎是想多了解我一点；同时也向我表达言语所不能表达的情感。'你能光临寒舍，带给我极大极大的快乐，'他以一种发自内心的激动情绪跟我说，'我终于等到一个真正的行家和我一起看心爱的藏画，这对我来说，真是极大的幸福。不过，你放心，我不会让你走这一趟，就只是为了拜访我这个瞎眼的糟老头。我太太可以作证，我在这里许诺你，我将在遗嘱里加上一条，我要将我的收藏委托你们，由你们这家久享盛名的老店拍卖。管理这批不为人知的宝藏，这份荣耀是你应得的。'说到这里，他热切地把手放在那些早已被变卖一空的画夹上面，'你要一直管理到它们四散到世界各地的那一天为止。请你答应我一件事，麻烦你印制一份漂亮的藏画目录，这份目录将成为我的墓碑，没有其他的墓碑比这个更适合我了。'他这番话我永远也不会忘记。

"我看了他的妻子和女儿一眼，她们两个紧紧地挨靠在一起，互相感受到对方身上的战栗，仿佛两个人是一体的，同时受到震动，一起颤抖着。而此时此刻，我自己的心情也是十分庄严肃穆，因为，这位天真热情的老人把他那看不见的、早已四处流散的珍藏像宝贝一样托我保管。我以感动的心情答应他，我会完成这件实际上我永远无法办到的事，老人听了，他那死气沉沉的瞳仁又再次闪出亮光，我深深地感觉到，他是发自内心地渴望能真正感觉到我的存在：我从他对我的温柔态度，从他带着感激和希望的手指用力握住我的手指时，那种热力的传达，感觉到了他内心的愿望。

"两个女人送我到门口。她们不敢说话，因为老人的听力很敏锐，任何一句话都逃不过他的耳朵，但是她们一面望着我一面流泪，眼光充满了温暖和浓浓的感激之情。我恍惚地摸索着走下了楼梯，心里满是羞愧，我觉得自己就像童话里的天使，突然降临在一个穷人家里，帮助一个瞎子在短短的一小时内重见光明，所利用的方法不过是帮他的家人进行善意的欺骗，然后竭尽所能地撒谎。而事实上，我是以一个卑鄙的商人身份来到这里，想狡猾地从别人手里骗走珍贵的东西。可是，我真正得到的，却远远超过我的想象。在这个阴郁沉闷的时代，我又再次生动地感觉到过去那种纯粹的热情，一种纯粹因为艺术而产生的热情，一种似乎早就被我们这些人所忘怀的热情。我心里充满了无法表达的敬畏之情；虽然，我不知道为什么，可是却一直感到羞惭。

"当我走到大街上时，楼房上面突然嘎吱一声，有一扇窗打开了，我听到有人在叫我的名字，果然没错，原来是老先生不听劝阻，一定要用他失明的双眼，朝着他以为我走的方向目送我。他拼命地把身子伸到窗外，他的妻女只好小心地扶着他。他挥动着手帕，大叫着：'一路顺风！'他的嗓音充满了愉悦，跟年轻人一样的清新爽朗。这真是叫人难忘的画面，在大街上满是愁眉苦脸、熙熙攘攘、忙忙碌碌的人群，而他们头顶上的窗口却露出一张白发老人快乐的笑脸,仿如幻觉被一片善意的白云托住,远远脱离了我们这个冷酷的现实世界。我不禁又想起那句含有深意的老话,我记得好像是歌德说的:'收藏家是幸福的人!'"

灼人的秘密

对 手

  火车头发出沙哑的嘶吼："萨莫林到了。"黑色的列车在高山的银色光芒照耀下，停留了一分钟，形形色色的旅客下了车，再换上另一批旅客。月台上，嘈杂的人声此起彼落，随后，火车头又在前头嘶吼，拖着长长的黑链子，发出一串声响，进入黝黑的隧道，向前疾驰而去。原野的景象又恢复了纯净，一览无遗。远山的背景，被饱含湿气的风洗涤得更剔透。

  下车的旅客群中，有一个年轻人服装考究，步履轻盈，外表十分吸引人。他飞快地抢在别人前面，跳上一辆马车，直奔旅馆。嗒嗒的马蹄，不疾不徐地在上坡路上小步奔跑。空气中弥漫着春天的气息。白云在天边飘浮，像五六月一样的浮躁。那些白云如孩子般天真烂漫、变幻莫测，一路打打闹闹飘过蓝色的路径，突然隐没在高山背后，互相拥抱，随后跑开。时而像手帕似的揉成一团，时而撕裂成千丝万缕。最后，它们盘踞在群山之上，开玩笑似的给群山戴上一顶顶白色的小帽。还有不绝如缕的风，剧烈摇晃着被雨水浸透的细瘦树木，使树枝轻微地嘎嘎作响，喷洒出成千上万的小水珠，仿佛漫天火花。山间冷冽的风，翻山越岭，吹来飘零的残雪。吸一口气，你可以感觉空气有一种清新刺激。天地之间，万物动荡，显现出隐隐的焦躁不安。马儿轻轻喷着鼻息，开始在下坡路上奔跑，远远就能够听到它们的铃铛声。

年轻人一到旅馆，就忙着翻阅旅客名册，看看有没有熟人。一看完，他就大失所望。"我何苦到这里来呢？"他开始烦躁不安地问自己，"一个人在山里头，没有交际应酬，不是比在办公室还无聊吗？我显然来得太早了，要不然就是来得太晚。每次休假我的运气都不太好，翻遍了名册也找不到半个熟人。要是这里有几个女人就好了，至少可以调调情，必要时，柏拉图式的调情也没关系，免得这个星期过得太无聊。"

年轻人是一位男爵，出身于奥地利一个默默无闻的贵族家庭，家族里曾经有人做过官。他并不是那么渴望休假，只不过是因为他和同事都有一个星期的春假，而他又不想把这段假期白白奉献给国家。虽然他肚子里还算有点墨水，不过，他生性热爱交际。这种性格使得他到处受人欢迎，而大家也都心知肚明，他是一个耐不住寂寞的人。他不喜欢一个人独处，因此，他也尽可能避免一个人孤零零地面对自己，因为他根本不想深入地了解自己。他知道，他的全部才能，还有他心中的热情与激昂的灵魂，就像一根火柴，需要别人扮演的火柴盒才能点燃，散发光和热。当他独自一个人的时候，就像一根躺在盒子里的火柴，冰冷，没有存在的意义。

他心情很坏，在空荡荡的前厅来回踱步，一下漫无目的地翻翻报纸，一下又回到音乐室，在钢琴上弹一支圆舞曲，却怎么也弹不出正确的节奏来。最后，他厌烦地坐了下来，望着窗外渐渐垂落的夜幕，望着灰蒙蒙的雾像蒸气似的从云杉树林间升起。就这样，他百无聊赖地耗了一个钟头，无所事事，心烦意乱。最后，他躲进了餐厅。

餐厅里只有几张桌子有人坐，他飞快地瞄了他们一眼。白搭！几乎没有半个认识的。只有一个他在赛马场上认识的教练坐在那里，朝着他懒洋洋地回了个礼，还有一个他在林思翠见过一面的人，除此之外，别的人他都不认识。更糟糕的是，看不到半个女人，这样一来，恐怕连短暂风流韵事的机会都没有了。他内心的沮丧情绪越来越沉重。他是那种天之骄子型的年轻人，天生就有一张漂亮的脸蛋。他们每天一心一意想要找机会认识新的女人，等待新的艳遇。他们永远迫不及待，随时准备向未知的目标展开冒险行动。艳遇，永远不会令他们感到意外，因为他们虎视眈眈，工于心计。只要女人有任何动情的反应，都逃不过他们的眼睛，因为，当他们遇见女人时，第一眼瞧的便是她们隐藏在内心的情欲，而且千方百计地去挑逗她们。无论是朋友的妻子，或是替他开房门的旅馆女服务生，他皆一视同仁。

有人怀着蔑视的态度，给这号人物冠上女性杀手的头衔。然而，发明这种头衔的人并不知道，用女性杀手这个字眼来形容这号人物，真是名副其实。因为，那些人体内燃烧着种种狂热的猎杀本能，例如，虎视眈眈的窥伺、激情，以及残忍的天性。他们像野兽一样，日夜不懈地埋伏守候，只要一嗅到可以偷情的猎物，就随时准备扑上去，不追到手绝不罢休。他们的内心满怀激情，不过，不是恋爱中的人那种高尚的感情，而是类似赌徒那种冷酷的、精打细算的、危险的激情。在他们那一类人之中，有一些更是执迷不悟，即使已经不再年轻了，还是终身锲而不舍地追求偷情的刺激。对他们来说，每一天都分解为数以百计的感官体验：擦身而过时的回眸一盼、轻盈离去时的巧笑倩兮、晚餐相对而坐时碰一下膝盖。一年三百六十五天，他们几乎天天过着这样的生活，对他们来说，感官体验是生命中源源不绝的滋养和刺激的泉源。

这个女性杀手很快就发现，这个地方没有猎物。当一个赌徒手里拿着纸牌，自认为稳操胜算，坐在铺着翠绿呢绒布的桌子旁边，偏偏等不到对手，还有什么比这种事情更令人生气呢？男爵向服务生要了一份报纸。他皱着眉头，一行行读着报纸上的文字，然而，脑袋里却是一片空白，像醉鬼一样一直被那些文字绊倒。

这个时候，他忽然听到身后有衣裙窸窣的声音，还有一个人用略带不耐烦、矫揉造作的腔调说："安静一点，艾德加！"

一个身穿丝绸连衣裙的身影从他的桌旁经过，发出沙沙的声响，高大而丰满的身影投映在桌面上。后面跟着一个穿着黑丝绒衣服、脸色苍白的小男孩，用一种好奇的眼光瞄了男爵一眼。他们两个面对面坐进他们预订的桌子。那个小男孩显然在努力让自己的举动得体一点，但那双骨碌碌直转的黑眼睛却显得很不安分。男爵把全部的注意力都放在这位夫人身上：她的衣着十分考究，而且相当时髦，正好是他非常喜爱的那种类型，那种略显丰满的犹太女人，有一点年纪，成熟妩媚，风韵犹存，看起来显然热情犹在。另一方面，她显然又十分老练，善于用一种高雅的伤感神态来隐藏热情。起初，他还不想直接看她的眼睛，而只是欣赏她细致的鼻子上方美丽的眉毛曲线。虽然，从高贵细致的鼻形可以看出她是什么种族，不过，正因为鼻梁挺直，她的侧面轮廓看起来格外鲜明,格外吸引人。她的身体展露出女性一切丰满的特质,她那浓密的头发也不例外。她那种艳光四射的美,很可能来自她的自信,自信会获得他人的青睐。她用一种非常低沉的声音点菜,叫那个把叉子玩得叮当响的男孩守规矩。她说话的时候,已经注意到男爵小心翼翼、偷偷摸摸地盯着她。表面上,她显出一副满不在乎的样子,其实,正因为男爵那种热切的眼光,她才不得不刻意表现得更拘谨。

男爵阴霾的脸豁然开朗,仿佛春天重回蛰伏已久的大地。男爵全身的神经都活络了起来,深锁的眉头舒展开来,肌肉放松,身体也挺直了,眼睛射出异样的光芒。有些女人,只有在男人面前,才能够展现出最美好的一面,而男爵自己也是一样。现在,某种感官的刺激已经使他全身的力量澎湃起来。他那猎人般的本能已经嗅到了猎物的气味。他以一种挑战的眼神,伺机和她的目光相遇,相反的,她那灵活而飘忽不定的目光时而和他交错而过,若有意似无情,让他无从捉摸。有时候,他仿佛看到她的嘴角漾起一丝若隐若现的微笑,他无法确定。然而,这种不确定反而更撩起他无限的遐思。不过,她一直回避他的目光,显示她又是抗拒,又是害羞,使他更有信心。其次,她跟那个孩子讲话的神态出奇的认真,显然是做样子给别人看的。他感觉到,她那种刻意夸张的镇定态度,正是为了隐藏她那已然被挑动的心。

而他自己的心也被挑动了,游戏已经开始了。他很巧妙地拖延他的晚餐。整整半个小时,他目不转睛地盯着这个女人,让目光抚遍她脸上每一根线条,不露痕迹地抚摸她丰满身体的每一处曲线。屋外,夜已深沉,森林发出窸窣的声音,仿佛孩子们因为害怕浓密的乌云向他们伸出灰暗的手而叹息呻吟。屋里的阴影越来越暗，里面的人似乎被这沉默的阴影压得透不过气来。他察觉到，在这寂静的威胁下，那位母亲和孩子的谈话显得越来越做作。他感觉到，这样的谈话马上就要结束了。这个时候，他决定要试探一下。他头一个站起身来，慢慢地朝门口走去。经过她旁边的时候，他眼睛看着窗外的夜景，故意不看她。到了门口，他装出忘了什么东西似的，突然转过头去。她当场被逮住了，原来，她正以一种好奇的眼光目送他离去。

这下子，他兴头可来了。他在前厅等着。没多久，她也来了，手里牵着孩子。走过放报刊的桌子旁时，她随手翻着几本杂志，指着几张图片叫孩子看。男爵偶然似的走到桌子旁边，假装要找一本杂志，实际上是要深入地渗透到她湿润、闪烁的眼睛里，或许借机和她攀谈，但是，这个时候，她突然转身，轻轻拍了拍儿子的肩膀说："来吧，艾德加，睡觉时间到了。"她的衣裙一阵窸窣，和他擦身而过。男爵目送她离去，内心若有所失。原先，他估计今天晚上可以和她认识一下，因此，她这种粗暴的态度让他感到失望。然而，抗拒毕竟也有另一种诱惑，而这种不可知反而燃起了他的欲望，无论如何，至少他有了一个对手，游戏可以开始了。

立即的友谊

第二天早晨，男爵来到前厅，看到那个陌生美人的孩子和两个电梯服务员聊得正起劲，并指着卡尔·梅的书里的插图给他们看。不过，却没有看见他的妈妈。显然，她还在梳妆打扮。现在，男爵终于可以仔细打量这个男孩了。他是一个腼腆、发育不全的神经质孩子，年纪十二岁左右。他显得有点坐立不安，一双黑眼睛骨碌骨碌地四处张望。他显出一种无缘无故受到惊吓的神情，仿佛刚刚被人从睡梦中叫醒，突然被带到一个陌生的环境中。这种年纪的孩子经常会这样。他的脸蛋长得还算好看，不过还没有定型。他似乎才刚开始从小孩子转变成大男人：脸上的五官仿佛还是捏成一团似的，还没有完全成形。他的五官没有鲜明的轮廓，像是临时凑合着被捏在一起，没什么血色。此外，他正处在一种尴尬的年纪，穿小孩子的衣服看起来很不搭调。衣袖和裤脚松垮垮地晃动，瘦骨嶙峋的手腕和足踝露在外面。他还没有浮华的心理，还不懂得注重自己的外表。

这孩子漫无目的地晃来晃去，看起来一副可怜兮兮的模样。事实上，他挡到了很多人的去路。门房把他推到一边，似乎是因为他问了一堆奇奇怪怪的问题，把门房问烦了。现在，他又挡住了门口。显然，没有人愿意和颜悦色地和他打交道，偏偏小孩子又喜欢跟别人闲聊，于是，他只好去找旅馆的服务生搭讪。如果他们正好闲着，就会随口应付他几句，不过，如果有大人来了，或是有什么急事要办，他们就会马上把他丢在一旁，不再理会他。男爵兴致勃勃地看着这个可怜的孩子，看着他满怀好奇，拼命想和别人亲近，然而，不知道为什么，别人却一直逃避他。有一次，男爵故意看着男孩好奇的眼睛，然而，当男孩发现男爵在看他时，立即就紧张兮兮地别开视线，低垂着眼皮，不敢看男爵。男爵觉得很好笑。他开始对这个男孩子产生兴趣了。这个孩子显然因为害怕才表现得如此腼腆。男爵心中盘算，为什么不利用这个男孩当跳板，好尽快接近他妈妈？无论如何，他可以试试看。当男孩又走到旋转门外面时,男爵暗地尾随着他。小孩子天生就需要温情,因此,他伸手去抚摸一匹白马粉红色的鼻孔。他的运气真的很差,没多久,马夫就很粗鲁地把他撵走了。他觉得受了委屈,又很无聊,眼中流露出一点悲伤,然后又开始漫无目的地乱逛。这个时候,男爵过来和他讲话了。

"嘿!小伙子,你觉得这里怎么样?"他突然问那个男孩,尽可能表现得和蔼可亲。

那孩子的脸一下子涨得通红,很紧张地抬头看着他。男孩显得手足无措,又是害怕又是害羞,很不安地扭动着身体。有生以来,这还是第一次有陌生人主动跟他说话。

"谢谢你,这里很好。"他好不容易说了这么一句。最后四个字,他几乎是哽在喉咙里,根本说不清楚。

"真的吗?"男爵笑着说,"在我看来,这个地方可乏味得很,尤其像你这样的年轻人,怎么会喜欢这种地方。你整天干些什么呢?"这孩子还是显得不知所措,一时之间不知道该怎么回答。这位打扮入时的陌生先生居然肯和他这个没人理会的小孩子谈话,真的可能吗?想到这里,他感到既羞怯又得意。他渐渐勉强自己打起精神来。

"我会看书,然后,我们也常常去散步。有时候,我妈妈会带我搭车出去兜风。我一定要赶快好起来。我身体不好,医生说我必须多晒一点太阳。"

说完这些话,他似乎显得比较有自信了。孩子们总是会为生病而感到很得意,因为他们知道,疾病虽具有某种危险性,但会使他们在家人的眼里变得加倍重要。

"不错,多晒晒太阳对于像你这样的年轻人是很有帮助的,阳光会把你的皮肤晒成古铜色。不过,你不应该整天坐着。像你这样的小伙子应该到处跑一跑,想干什么就干什么,胡闹一下也没关系嘛!我觉得,你太老实了,看你那个样子,就像一个成天挟着又大又厚的书本,蹲在屋子里不出去的人。我像你这么大的时候,野得像个小魔头,每天晚上回到家,裤子很难得没有破洞。人可不能太老实!"

孩子不知不觉地微笑起来,不再害怕了。他很想回答几句,可是,这位可爱的陌生人对他如此友善,陪他说话,在他面前,他觉得自己想说的话未免太唐突、太傲慢了。他讲话一向很含蓄,而且总是显得有点害臊,结果,他现在既高兴又害羞,不知如何是好。他很想和那个先生多说一点,但又想不出要说些什么。幸亏这个时候,旅馆那条体形庞大的黄色圣伯纳犬从旁边经过,嗅了嗅他们两个,趴在地上撒娇,任凭他们抚摸。

"你喜欢狗吗?"男爵问。

"噢!非常喜欢,我祖母在巴登的别墅就养了一条狗。每次我们到她家去住,它总是整天跟在我后面。不过,我们只有夏天才会到那里去住一阵子。"

"我们家的庄园,大概养了二十几条狗。要是你乖乖听话,我可以送你一条。一条白耳朵的棕色小狗,刚出生没多久,但是驯得不错。你想要吗?"

孩子兴奋得满脸通红。

"要,我要!"他迫不及待地脱口而出,显得很热烈。但是,过了一会儿,他好像忽然想到什么,显得有点犹豫,很不安地说:"不过,妈妈是不会答应的。她说,她受不了家里有狗。太麻烦了。"

男爵笑了。终于把话题带到他妈妈身上了。

"你妈妈真是那么严厉吗？"

孩子考虑了一下，看了看他，仿佛在考虑，应不应该把所有的心事都告诉这个陌生人？他小心翼翼地回答："不，妈妈并不严厉。现在，因为我刚生完一场病，她样样都依我。说不定她会答应我养一条狗。"

"要我去问问她吗？"

"好啊，拜托你！"男孩很高兴地说，"这样一来，妈妈保准会答应的。那条狗长什么样子？你说，他的耳朵是白色的，对不对？如果我把东西丢出去，它会叼回来吗？"

"会，它什么都会。"这么快就让这个孩子的眼里激荡出热情的火花，男爵不由得露出得意的微笑。

男孩的矜持一下子就消失了。他心中有一种天生的热情，原本被恐惧压抑着，现在，这股热情爆发出来了。他刚刚还是羞答答、怯生生的，转瞬间就变得无拘无束。如果他妈妈也是这样，该有多好。男爵情不自禁地想到，恐惧的背后必然是无比的热情！这个时候，那个孩子已经问了他一大串问题："那条狗叫什么名字？"

"钻石。"

"钻石。"孩子很高兴地大喊那个名字。每讲一句话，他都要大笑大喊。没想到竟然有人肯这样亲切地对待他，把他当朋友，他实在太兴奋了。男爵也很惊讶，没有料到自己这么快就成功了，他决定打铁趁热。他邀这个孩子陪他一道去散散步。这个可怜的孩子已经渴望了好几个星期，渴望找到一个同伴，如今一听到男爵的提议，真是欣喜若狂。因此，对于这位新朋友为了想套出一些情报，假装不经意问他的一些问题，他全都不假思索一五一十地回答了。

没多久，男爵就把男孩的家庭背景打听得一清二楚。首先，他知道艾德加是维也纳一名律师的独生子。他的父亲显然出身于拥有可观财富的犹太资产阶级家庭。以旁敲侧击的问话方式，他很快就打听到，孩子的母亲曾经在言语中透露，留在萨莫林是一件很不愉快的事，又抱怨这里找不到人可以谈谈心。回答这个问题时，艾德加显得有点支支吾吾，由此，男爵可以推测出，艾德加的妈妈似乎很高兴能够暂时摆脱丈夫，也就是说，他们的感情可能不太好。这个男孩实在很天真无邪，从他嘴里套出这些琐碎的家庭隐私，竟然简单得令男爵觉得有点惭愧。只要自己说的事情能够让大人感兴趣，艾德加就非常得意。他对这个新朋友的信任简直到了推心置腹的程度。散步的时候，男爵用手抱着他的肩膀，这个举动，代表他已经能够在大庭广众之下和大人平起平坐，使他感到无比骄傲，年轻的心狂跳起来。他渐渐忘了自己是个小孩子，仿佛面对着年纪和自己差不多的人，无拘无束地闲聊起来。

从言谈中，看得出来艾德加非常聪明，而且相当早熟。像他这样的小孩子，和大人相处的时间比和同学在一起的时间多，因此，他有一种奇特的偏激倾向，对人表现出明显的好恶。他似乎无法以心平气和的态度来面对事物，无论谈到某某人或某某事，他不是表现出极度的兴奋喜悦，就是显现出强烈的憎恨，而这种憎恨是如此的强烈，使他脸部扭曲，露出一种邪恶的表情，看起来很惹人讨厌。或许因为大病初愈，使他表现出相当的野性，性情不太稳定，说起话来充满狂热的激情。他的迟钝显然源自他对激情的恐惧，那种他拼命想压抑的激情。

男爵轻而易举地得到了他的信任。才不过半个钟头,他就抓住了孩子那颗热切而敏感的心。骗小孩子实在太容易了,因为他们天真无邪,而且很少有人在乎他们的爱。男爵只需要让自己的心思暂时回到童年时期,就能够像孩子一样说话,说得如此自然,半点也不费力。如此一来,那个男孩就完全把他当成了另一个小孩子,短短几分钟之内,他们之间不再有任何距离。在这个寂寞的地方忽然找到朋友,而且又是那么好的朋友,男孩的内心有一种无法形容的喜悦。此刻,他已经遗忘了维也纳的那些朋友,遗忘了他们那种高亢的童音,以及幼稚无聊的谈话。此刻,那些朋友的影像都消失了,他把所有的狂热激情都投注到新朋友,也是最好的朋友身上。他们要分手的时候,新朋友像兄长一样,邀他明天早上再一起去散步,远远向他挥手告别。那一刹那,他内心感到无比的骄傲,一片海阔天空。此刻,也许是他一生中最美的一刻。骗小孩子真是不费吹灰之力。

男爵望着孩子跑开的身影,脸上不禁浮现出得意的微笑。太好了,传话的人已经找到了。他知道,这个男孩一定会跑去找他妈妈,满怀热情地把所有的事情一五一十地说给她听,把她烦到精疲力竭。刚才,他是如何巧妙地夸赞她的美丽,如何一直称呼她是艾德加"漂亮的妈妈",想到这里,男爵不禁颇为得意。男爵胸有成竹,这个爱说话的孩子一定不会善罢甘休,一定会千方百计把妈妈拉到他身边,而他根本不必挖空心思去接近那位陌生的美人。如今,他大可优哉游哉地做他的美梦,欣赏眼前的美景,他知道,孩子正在用那双热情的手,为他建造通往她的心灵的桥梁。

三重唱

  几个钟头之后，事实证明他的计划成功了，而且完美无瑕，没有半点破绽。年轻的男爵故意晚几分钟走进餐厅。艾德加看到他，立刻从椅子上跳起来，满脸幸福地微笑，热情洋溢地向他打招呼，频频向他招手。同时，他还拉拉母亲的衣袖，用一种夸张的姿势兴奋地指着男爵，迫不及待地告诉她男爵来了。她涨红了脸，很尴尬地责备他的举动太过招摇，但又不得不顺着孩子的意思，朝男爵那边看过去。男爵立刻抓住机会，向女士深深鞠了一躬。她不得不回礼，不过，回过礼之后她就一直低着头，眼睛盯着桌上的杯盘。在整个用餐的过程中，她一直小心翼翼地不再看另一桌的男爵。艾德加就完全不同了，他不停地往那边瞧，有一次甚至想隔着桌子和男爵讲话。这怎么可以呢。他母亲立刻骂了他几句，制止了他。饭后，母亲要他去睡觉，于是母子两人开始小声嘀咕，你一言我一语，结果，母亲答应了他的要求，他走到另一张桌子前面，和男爵说声晚安。男爵很亲切地对他说了几句话，孩子的眼睛立刻亮了起来，又和男爵多聊了几分钟。突然间，男爵很巧妙地把话头一转，站起身来，转身面对另一张桌子，向邻座那位有点惊慌失措的太太说，她有这么一个聪明伶俐的孩子，真是可喜可贺。他还夸赞了那孩子一番，说他今天如何陪伴他度过了一个愉快的上午。艾德加站在旁边，又快乐又骄傲，满脸通红。最后，男爵还询问了孩子的健康状况。他问得那么详细，问了那么多细微的问题，弄得孩子的母亲不回答也不行。就这样，他们你一句我一句，谈了很久，男孩见他们谈得投机，心里很高兴，在旁边安安静静地听。男爵介绍了自己的出身背景。他心里想，他显赫的家世背景一定在这个爱慕虚荣的女人心里留下了深刻的印象。虽然她对他过度地亲切有礼，不过，她的表现十分得体，不卑不亢，甚至用孩子当借口，早早就向男爵告辞。

男孩拼命争辩，说他还不困，而且精神好得很，就算熬到天亮也没问题。可是，母亲已经向男爵伸出手，而男爵也很有礼貌地吻了一下她的手。

这一夜，艾德加睡得很不安稳。极度的喜悦和孩子气的绝望在他的心中纠结缠绕，因为，今天他的生活有了前所未有的崭新体验。有生以来，这是他第一次闯进大人的世界。此刻，他在半睡半醒之间，忘了自己还是个小孩子，以为自己忽然变成了大人。由于他是独子，又体弱多病，因此一直没什么朋友。他内心深处渴望温暖，然而，除了父母和仆人，没有人能给他温暖，甚至连父母也不怎么理会他。如果你只依据热情产生的原因来衡量热情的力量，那么，你永远也衡量不出那种力量有多大。热情，必须根据热情产生之前那种内心的兴奋，根据心灵发生大变化之前那种充满失望和孤寂的空虚与黑暗来衡量。在那空虚和黑暗之中，有一份盈溢过剩、未曾有人触及的感情在蓄势待发，如今，它伸出双臂，冲向第一个愿意接受这份感情的人。艾德加躺在黑暗里，内心充满了幸福，却又无比混乱。他想笑，却又不得不哭，因为他爱这个人。他从来不曾如此爱过他的朋友，不曾如此爱过他的父母，也不曾如此爱过上帝。他把年轻的生命里所有未成熟的激情，全部依附在这个男人的形象上，而这个人的姓名，直到两个小时前他才知道。

但是他毕竟是个聪明的孩子,并没有被这个独特的、突如其来的新朋友冲昏了头。他感到很困惑,因他会觉得自己微不足道,不够资格拥有这样的朋友。"我只不过是个十二岁的小男孩,还在上学,到了晚上,我第一个会被大人赶去睡觉,他为什么会把我当朋友呢?"他苦苦思索。"在他眼里我算得了什么呢?我又能给他什么呢?"他感觉到,自己渴望表达内心的感情,却又无能为力,就是这种痛苦让他很不快乐。从前,如果他找到一个朋友,通常他所做的第一件事,就是和这个朋友分享书桌里的珍贵小玩意儿,像是邮票、石头之类的。昨天,这一切事物他还觉得很珍贵稀罕,很吸引人,然而现在他忽然觉得这些小东西幼稚可笑,不值一顾。他怎能拿这些小玩意儿给他的新朋友呢?他甚至还不敢跟这个朋友称兄道弟哩!他要如何表达他内心的感受呢?他还是个半大不小、不成熟的十二岁孩子,这件残酷的事实越来越令他感到痛苦。他从来没像现在这样的怨叹,怨叹自己为什么偏偏是个小孩子。他也从来没有这样热切地渴望一觉醒来,发现自己已经变成梦寐以求的模样:一个高大魁梧的男子汉,和别人一样的大人。

这些纷乱的思绪很快就编织成绮丽缤纷的梦,一个长大成人的新世界美梦。艾德加嘴角泛着微笑,终于沉入梦乡,然而,想到明天的约会,他还是翻来覆去睡得很不安稳。艾德加心里一直害怕会迟到,第二天早上还不到七点,他就惊醒了。他匆忙穿上衣服,走到母亲的房里,跟母亲说早安。她感到很惊讶,平常要叫这个孩子起床是非常辛苦的,现在她还没开口问,他就冲出房门跑下楼去了。他怀着迫切不安的心情四处溜达,一直到九点,连早餐也忘了吃。他满脑子只担心约定散步的时间,他不能让那个朋友等。

九点半,男爵终于悠然自在地走来。他当然早就忘了跟男孩约好的事,不过,看到那个孩子迫不及待地向他跑来时,他也不得不对男孩微微一笑,以感谢男孩无比的热情,并假装没有忘记两人的约定。他用胳臂搂住那满面春风的男孩,走来走去,却不肯立刻去散步,态度温柔而坚定。他一直紧张兮兮地盯着大门,看起来显然在等待什么。突然间,他挺直了身子。艾德加的母亲走进来了。男爵向她问好,她一边亲切地回礼,一边向两个人走过去。艾德加很在乎这一次单独和男爵去散步的机会,因此,他根本不肯把这件事告诉母亲。当她听男爵说起散步的事,而男爵邀她一起去时,她微笑着答应了。

艾德加顿时变得垂头丧气,紧咬着嘴唇。真可恨,妈妈偏偏在这个节骨眼经过这里!这次散步本来应该完全属于他一个人的,即使他把自己的朋友介绍给妈妈,那也只是他的一番好意;但是,他并不想就这样和别人分享朋友。当他发觉男爵对母亲态度是那么亲切友善时,内心开始燃起类似嫉妒的心情。

于是,他们三个一起去散步了。由于两个大人显然都很关心他,让孩子觉得自己忽然变得很重要。这种感觉更助长了他心中的危险情绪。两个大人的话题始终绕着这个孩子打转,他的母亲刻意表现出忧虑的神情,说她的孩子脸色苍白,又喜怒无常,而男爵只是淡淡地笑着,不同意她的说法。男爵口口声声称呼男孩为"朋友",并且一直赞扬他的举止多么讨人喜爱。这一刻,艾德加感觉自己仿佛置身天堂。他享受到一种童年时代从未有过的特权,可以加入大人的谈话,而不会有人叫他住嘴,他甚至可以肆无忌惮地说出各种从前被视为荒唐的愿望。在这种情况下，他心里开始滋生一种越来越强烈的错觉，误以为自己已经是大人了。他对自己越来越有自信，沉浸在白日梦里，童年已经被他远远抛到脑后，仿佛扔掉一件不合身的旧衣服。

中午，艾德加的母亲邀男爵和他们同桌用餐。她变得越来越亲切了。由面对面变成了肩并肩，由点头之交变成了朋友。三重唱开始了，女人、男人和小孩，三个声部多么和谐。

攻 击

这个猎人已经等得不耐烦了。他觉得，现在时机成熟，可以潜近他的猎物了。他并不喜欢目前的状况：三个人在一起，一幅天伦之乐的景象，有如三重奏般的和谐。虽然三个人在一起聊天感觉还不错，可是，聊天毕竟不是他的目的。他很清楚，用虚情假意的交际活动来隐藏自己的欲念，免不了会破坏男女性爱游戏的情趣，会使谈话失去激情，就好像在战场上发动攻击的时候奉命不准开枪一样。谈话的时候，不可以让她忽略他真正的意图，而他对自己很有信心，知道她已经了解他的心意了。

他在这个女人身上所花的心思，八成不会白费。她正值那种关键的年龄。这个年纪的女人多半会开始后悔，觉得不该忠于不曾爱过的丈夫。此刻，她的美貌正随着岁月逐渐凋零，像落日余晖。这是她最后的机会了，必须立刻做出抉择，选择扮演母亲的角色，或者选择当一个女人，忠于自己的情欲。似乎早已平静无波的生活，在这样的时刻，又开始纷扰动荡。再一次体验性爱生活，还是接受命运的摆布？意志，像指南针一样，最后一次在两者之间颤动。然后，女人会做出危险的决定：不是忠于自己的命运，做一个女人，就是为孩子而活，当一个母亲。男爵对这类事情有非常敏锐的洞察力，他相信自己已经在她的身上发现了这种危险的摇摆不定。言谈中，她老是忘了提到丈夫，而她似乎也不太了解孩子心里的感受。她那双杏眼似乎笼罩在枯燥无趣的阴影中，看起来有点忧郁。她的眼神流露出一种不快，掩盖了她的性感。

男爵决心加快脚步，但同时要避免太性急的样子。因此，他反而要像钓鱼人一样，慢慢收线，引诱鱼儿上钩。表面上，他对这个新朋友表现出无所谓的样子。虽然实际上是他在勾引她，不过，他却要设法让对方采取行动。他决定摆出高傲的姿态，刻意突显出两个人社会地位的差距。靠着高傲的姿态、迷人的外表，以及响当当的贵族头衔，他很可能就会赢得这个性感丰满的美丽躯体。想到这里，他忍不住微笑起来。

这场刺激的猎艳行动开始让他兴奋起来，他也就越来越谨慎了。整个下午，他都待在自己的房间里，相信一定有人会找他，却偏偏找不到他。想到这里，他心中暗自窃喜。男爵的诡计是用来对付那个母亲的，可是，没看到他，她却不怎么在意，反倒是那个可怜男孩子，感到痛苦万分。整个下午，艾德加感到茫然无助，内心充满失落。他怀着男孩子特有的固执忠诚，耐心等待他的朋友，一等就是好几个钟头。他觉得，就这样走开，或是自己一个人跑去做什么事，都是一种背叛。他六神无主地在走廊里到处乱逛，天色越晚，他内心就越觉得悲惨。他开始胡思乱想，想象男爵可能遭到了不幸，或是无意中遭到侮辱。他越想越着急，越想越烦恼，几乎快要哭出来了。

到了晚上，男爵到餐厅吃饭时，受到男孩热烈的欢迎。艾德加跳起来，直向他冲过去，完全不理会母亲的阻拦，也无视于旁人莫名惊讶的眼光，他伸出两条瘦小的胳臂抱住男爵。"你上哪儿去了？你上哪儿去了？"他迫不及待地大喊，"我们到处在找你呢！"

母亲没想到儿子把自己也扯进去，羞得满脸通红。她疾言厉色地说："艾德加，规矩一点，过来坐好！"（虽然她的法语根本就不够流利，复杂一点的意思就表达不出来，她还是一直跟儿子讲法语）艾德加乖乖听话，回到座位上，嘴巴却还是不肯放松，一直追问男爵。

"可别忘了，"艾德加的母亲说，"男爵想做什么就做什么，也许跟我们在一起，他已经感到无聊了。"这一回，她把自己也扯进去了。男爵心头顿时感到一阵狂喜。他感觉到，这个女人表面上骂儿子，实际上却是在恭维他。

他心里那个猎人醒过来了。他内心无比兴奋，无比陶醉，没想到这么快就发现猎物的足迹，并且感觉到猎物离他的枪口不远了。他两眼炯炯发光，全身热血沸腾，说起话来变得滔滔不绝，连他自己也不知道是怎么回事。正如许多天生情欲旺盛的人一样，当他知道女人喜欢他的时候，他就会展现出加倍的魅力，加倍的男子气概。有些演员只有当他们感觉到听众、嗅到群众对他们的痴迷时，才会热情洋溢。男爵就是这样的人。他的朋友都认为他是天生善于说故事的人，天生就有舌灿莲花的本事，能够把一件事描绘得栩栩如生。今天，为了庆祝认识了新朋友，他要服务生送上几杯香槟酒。几杯酒下肚之后，他说故事的本领更超越了平日的水平。他谈起在印度狩猎的故事。当时，他到一个地位很高的英国贵族朋友家做客，朋友邀他一起去打猎。男爵很聪明，懂得选择这个话题，因为大多数人都会有兴趣，不过，另一方面也是因为他感觉到，任何带有异国色彩、遥不可及的故事，都会让这个女人悠然神往。

然而，真正被男爵的故事迷住的是艾德加。他激动得眼睛闪闪发亮，忘了吃，忘了喝，全神贯注地听着从男爵的嘴里吐出来的每一个字。他做梦也想不到，有一天真的能遇见到一个经历如此不平凡的人。猎虎、棕色皮肤印度人、札格那特，还有可怕的双轮马车，成千上万的人葬身在它的轮下。这一切，他只在书里面读到过。从前，他从来没有想到世界上真的有这样的人，就好像他不相信真的有童话世界。然而此刻，有生以来第一次，一个崭新的世界展现在他眼前。他的目光始终不曾离开他的朋友，他目不转睛地盯着男爵的手，那双曾经杀死一只老虎的手就在他眼前。他简直不敢开口问问题，好不容易鼓足勇气问了问题，声音听起来像发了疯似的激动。故事里的场景不断在他的脑海中激发出活灵活现的想象。他仿佛看到他的朋友高高坐在铺着紫红色长垫的象背上，一群棕色皮肤的男人头上绑着昂贵的头巾，随侍在他左右。突然间，老虎从丛林中跃出来，龇牙咧嘴，伸出利爪，直扑大象的鼻子。接下来，男爵又讲了很多更有趣的故事。他如何利用驯服的老象把充满野性的小象引诱到栅栏里。男孩听得眼睛里几乎快冒出火来了，这个时候，男孩的母亲看看时钟，突然说："九点了！该睡觉了，艾德加！"这句话像一把利刃刺在他的胸口。

艾德加吃了一惊，脸色突然变得惨白。对每一个孩子来说，上床睡觉是他们最怕听到的话，因为，在大人面前，最大的侮辱就是承认自己年轻，承认自己还没有长大，承认自己需要睡眠。在这么有趣的时刻，听到这句话，更是一种可怕的侮辱，因为这样一来，他就会错失良机，听不到那些神奇的故事。

"妈，再让我听一个故事，大象的故事。再一个故事就好了。"

他刚想开口哀求母亲的时候，却很快就想起来，自己应该要表现出大人的尊严。他鼓起勇气，只求了母亲一次，可是，母亲今天却显得特别严厉。"不行，现在已经很晚了，到楼上去！乖乖听话，艾德加，等一下我会把男爵讲的故事全部讲给你听。"

艾德加犹豫了一下。平常母亲都会带他去睡觉，可是，他不愿意在朋友的面前可怜兮兮地哀求母亲。虽然他被赶去睡觉，可是一种孩子气的骄傲使得他不得不表现出自愿的模样，给自己留点面子。

"妈，你一定要把所有的故事讲一遍给我听，所有的故事！大象的故事，和其他所有的故事！"

"亲爱的，我一定会。"

"等一下就讲！今天晚上好不好？"

"好，好，好，只要你现在就去睡觉。去吧！"

艾德加不由得佩服自己，当他强忍着眼泪，跟男爵和妈妈握手的时候，居然没有脸红。男爵亲切地摸摸艾德加的头发，孩子绷紧的脸上终于又露出一丝微笑。然后，他不得不飞快地冲向门口，否则他们就会看到斗大的泪珠从他的脸颊上掉下来。

大 象

母亲和男爵又在餐桌旁坐了一会儿,不过他们不再讨论大象和狩猎了。男孩离开之后,他们的谈话变得有点沉闷,有点不安,有点难为情。最后,他们走到前厅,坐在角落里。此刻的男爵比以往任何时候都更显得容光焕发,喝了几杯香槟酒之后,他开始觉得心头发热,这样一来,他们的谈话很快就变得有点危险了。

男爵实在算不上英俊,他只是年轻。他那张深褐色的娃娃脸显得精力充沛,短短的头发让他看起来充满男子气概。他的举止充满朝气,还有点粗鲁无礼,这种独特的气质赢得她的欢心。她很高兴能够靠近他,看着他,也不再害怕他的目光。因此,男爵的谈话越来越大胆,使得她有点不知所措。他的话里似乎暗藏着些什么,仿佛用手触摸到她的身体,然后又轻轻地移开。不知道为什么,男爵的话竟然撩起她心中的欲念,使她满脸通红。可是接下来,他又很轻松地笑起来,笑得那么自然,像个孩子似的,使得刚才小小的挑逗看起来像是小孩子的恶作剧,没有恶意。有时候,她觉得自己似乎应该板起脸来骂他,可是她天生就喜欢卖弄风情,这种小小的挑逗反而撩起了她的欲望,希望再多听几句。她迷上这种挑情的游戏,到后来她也开始挑逗男爵。她对男爵抛了几个媚眼,仿佛暗示他小小的承诺,用语言和肢体的动作鼓励男爵,甚至容许他越靠越近。她偶尔让男爵凑在她的耳边说话,感觉到男爵温暖的气息吹在她的肩头上。赌徒一旦赌得兴起,就会把时间抛到脑后,他们也是如此。他们浑然忘我地沉浸在这种刺激的交谈中，一直到了半夜大厅的灯熄灭了，他们才猛然惊醒。

她吓了一跳，本能地跳起来，惊觉自己竟然如此大胆。从前，她对这种玩火的游戏并不陌生，然而此刻，她本能的警觉心提醒她，这场游戏多么危险。她突然一阵战栗，发现自己已陷入危险，快要失去控制了。她感觉到体内开始有某种东西在骚动，发现自己处于一种高度兴奋的状态，感觉仿佛在发高烧。她的脑海里起了一个漩涡，混杂着恐惧、酒意和激情的谈话。一种盲目的恐惧感掩盖了她。从前，她也曾经感受过同样的恐惧，可是从来不像此刻这样令人晕眩，那么强烈。

"晚安，明早见！"她匆匆忙忙地说完这句话，转身急着要离开。她不是想逃离男爵，而是想要逃避此时此刻的危险，以及心中那种前所未有的、异样的不安全感。然而，当她伸出手给男爵行礼的时候，男爵温柔而粗暴地握住她的手，亲吻她的手，不只是礼貌地吻一次，而是吻了四五次，男爵的嘴唇从她纤细的指尖一直吻到手腕，粗糙的小胡子搔痒她的手背。一种温暖、不安的感觉随着血液流遍了她的全身。她又感觉到那种不安全感，敲击着她的太阳穴，威胁着她。她的脑海里仿佛有一股火在烧。恐惧，一种盲目的恐惧使她全身战栗。她猛然把手抽回。

"再多陪我一下。"男爵小声地说。可是，她已经匆匆忙忙地走开了。她的惊慌失措，显示出内心的紧张和羞惭。一种可怕的恐惧追赶着她，她很怕身后这个男人会追上来抱住她，可是，当她努力逃离的时候，她却感到有点遗憾，他竟然没有来追她。今夜，在这个地方，有一件她内心深处渴望多年的事情可能会发生。她渴望浪漫的爱情，然而，到目前为止，她总是在最后一刻企图逃避。这将会是她渴望已久的大冒险，而不只是转眼即逝的调情。然而，男爵太高傲了，放过了最有利的时机。他太过自信，相信自己稳操胜算，不想趁这个女人酒后无力的时刻像强盗似的占有她。相反的，他要光明磊落地玩这场游戏，让女人在清醒的情况下自愿委身于他。她是逃不出他的手掌心的。他已经发现，热滚滚的毒药已经在她的体内发作了。

上了楼梯，她按着自己的胸口，感觉到心脏剧烈跳动。她必须让自己休息一下，让自己平静下来。她的神经已经濒临崩溃，她叹了一口气，一半是庆幸自己逃离虎口，一半却又有点小小的遗憾。然而，所有的事情都乱了，此刻，她只感觉到一阵轻微的晕眩。她摸索着走到自己房间的门口，闭着眼睛，仿佛喝醉了一样。当她的手摸到冷冰冰的门把时，她终于松了一口气。现在，她终于安全了。

她轻轻地打开门，却吓得立刻倒退一步。黑漆漆的房间里仿佛有什么东西在动。她饱受刺激的神经严重抽搐，她正忍不住要喊救命的时候，忽然听到里面传来一个充满睡意的声音："妈，是你吗？"

"老天，你在这里干什么？"她冲到沙发旁边，艾德加缩成一团躺在上面，刚从睡梦中醒过来。她第一个念头是，这个孩子一定生病了，要不然就是急需要别人帮忙。

可是，睡眼惺忪的艾德加以略带责备的语气说："我等你好久了，后来就不知不觉睡着了。"

"你为什么要等我？"

"因为我要听大象的故事。"

"什么大象？"

然后,她想起来了。她答应过孩子,要把所有的故事,打猎的故事,还有其他冒险的故事,全部讲一遍给他听,而且就是今天。所以,这个孩子偷偷溜进了她的房间。这个天真的傻孩子真的相信她会讲故事,就跑到这里等她回来,等得睡着了。真是愚蠢,这可真把她惹火了。事实上,应该说她是对自己恼火。她耳边有一个细微的声音在说:你犯了罪,你应感到羞惭。她想大声叫喊,让自己的声音压过这个声音。"马上去睡觉!你这个没教养的野孩子!"她对着他大吼。艾德加愣愣地看着她。她干吗发这么大的脾气?他并没有惹她呀!他那种不知所措的反应,让一肚子火的母亲更是生气了。"马上回你房间去!"她把所有的怒气都发泄在孩子身上,尽管她知道这样对孩子很不公平。

艾德加一声不吭地走了。他实在太困了,惺忪的睡意像浓雾般盘踞他的脑子,因此,他只是模模糊糊地感到母亲不守信用,对他很粗暴。不过,他没有反抗。浓浓的睡意笼罩着他,使得他整个脑袋昏昏沉沉,什么都提不起劲儿。而且,他对自己很懊恼,恨自己没有保持清醒等妈妈,竟然在沙发上睡着了。在他又睡着之前,他对自己发脾气:"你根本就像个小孩子。"因为,从昨天起,他就恨自己是个小孩子。

小冲突

那一夜,男爵睡得很不安稳。在危险的游戏中断之后,想睡个好觉是很困难的。那是一个辗转反侧、难以成眠的夜,纷纷扰扰的梦让他不得安宁。他很快就后悔自己没有打铁趁热,把握时机一举成擒。第二天早上,他走到楼下吃早餐的时候,睡眼惺忪,心情恶劣。那孩子不知道从哪里冒出来,向他扑过去,热情地抱住他,然后又开始连珠炮似的提出一大串问题来折磨他。这孩子非常高兴,因为他又有几分钟的时间可以把朋友据为己有,不必和母亲分享。他拼命要求男爵,从今以后,所有的故事只讲给他一个人听就好了,别再跟他的母亲讲,因为,她虽然答应讲故事给他听,最后却黄了。在这个讨人厌的孩子面前,男爵得花很大工夫才能隐藏自己的恶劣心情,可是这个孩子却又一直拿许多幼稚的问题来烦他。

除了问问题之外,艾德加还毫无保留地表达自己对男爵的爱慕,说自己花了很长的时间在找他,从一大早就在等他,现在终于又能够单独和他在一起了,真是太幸福了。

男爵没好气地敷衍他。这个孩子老是缠着他,老是问些幼稚可笑的问题,更重要的是,他想要追求的并不是这个孩子的热情。他开始感到无聊了。整天和一个十二岁的孩子鬼混,鬼扯一些傻里傻气的废话,他早就不耐烦了。对他来说,眼前最重要的是打铁趁热,占有孩子的母亲。可是,这个不识时务的小鬼老是缠着他,使他很难采取行动。一开始,他无意中唤起了这个孩子对他的热情,现在,这种热情开始让他感到吃不消了,因为他一时想不出办法摆脱这个过度热情的小鬼。

不管怎么样,他总得试一试。他和孩子的母亲约好十点一起去散步,在时间未到之前,他一边翻阅报纸,一边漫不经心地听那个孩子对他喋喋不休,偶尔应他几句,免得伤了他的心。最后,当时钟的分针快指到十二的时候,他假装突然想到什么事,请艾德加帮他到另外一家旅馆跑一趟,打听一下他的表哥葛隆德海姆伯爵到了没有。

这个天真的小孩子很高兴,终于有机会为朋友做点事,并且因为可以帮朋友跑跑腿而感到骄傲,他立刻跳起来冲出大门,一路横冲直撞,惹得路过的人莫名其妙地一直看他。其实,他只是想表现出如果有人拜托他送个信,他是很可靠的。那家旅馆的人告诉他,伯爵还没有到,甚至到目前为止,伯爵根本就没有通知他们。他带着这个消息又匆匆跑回来,可是,大厅已经找不到男爵的踪影。于是,他去敲男爵房间的门。男爵不在。他开始紧张了,来来回回跑遍了所有的厅房,包括音乐厅、咖啡厅。他又一阵风似的跑进他母亲的房间,想问她有没有看到男爵。可是,她也不在了。绝望之余,他跑去问柜台服务员,服务员告诉他,几分钟之前他们一起出去了。他当场呆住了。

艾德加很有耐性地等候着。他还是个懵懵懂懂的小孩,根本不明白大人的心思。他很笃定地认为,他们只是离开一下子,因为男爵还在等他回来报讯呢。可是,等了几个小时之后,他开始感到不安了。自从这个充满魅力的陌生人闯进他的生活,闯进他单纯封闭的世界之后,男孩就陷入一种紧张的情绪,极度兴奋,内心迷惘。在孩子纤细纯洁的心灵中,任何感情的波动都会留下深刻的痕迹,仿佛踩在蜡上会留下脚印。他又开始紧张得猛眨眼睛,他的脸色越来越苍白。艾德加等了又等。一开始他还蛮有耐心,后来他开始烦躁起来,最后几乎要哭出来了。不过,他始终没有起疑心。他对这个好朋友的信赖近乎盲目,他认为这可能只是一个误会。他内心深处有一种恐惧,饱受折磨,他害怕他可能误解了朋友的意思。

后来,他们终于回来了,而且还站在那儿聊得很开心,看到他，脸上半点惊讶的表情都没有，真奇怪他们似乎根本没有想到他。

"艾德加，我们刚刚顺着这个方向去找你，本来以为会在半路上遇到你。"男爵说，却没有再提起他托办的事。

男孩很懊恼，原来他们一直在找他，却白跑了一趟。他拼命解释，他真的沿着那条小路直走，跑去又跑回来，并且问他们是朝哪个方向走的。这个时候，母亲干脆打断了他的话："好了，好了，艾德加。小孩子不要多嘴。"

艾德加气得满脸通红。母亲又在他的朋友面前羞辱他了，这已经是第二次了。她为什么要这样做？为什么她老是把他当成小孩子？他自己早就不认为自己是小孩子了。她显然是嫉妒他交上这么一个朋友，所以千方百计想把他抢过去。没错，一定是这样，刚才一定也是她故意引男爵走错路。不过，他是不会再让她这样羞辱自己了，他一定要让她明白这一点。他现在就要让她瞧瞧他要怎么反抗。艾德加打定主意，今天吃饭的时候，不再跟她讲半句话。他只跟他的朋友讲话。

可是，他发现自己很难办到。事情的发展超乎他的意料，根本没有人注意到他在反抗，他们甚至连看都不看他一眼。昨天他还是他们两个人谈话的焦点！他们把他撇在一边，只顾着谈天说笑，仿佛他不在旁边，而是在桌子底下。他满脸通红，仿佛喉咙里长了茧，没办法呼吸。他感觉到自己是多么的软弱无力，心里越来越不是滋味。难道他只能乖乖坐在这儿，眼睁睁看着母亲抢走他的朋友，抢走他唯一心爱的人吗？难道除了保持沉默，他没有别的办法争一口气吗？他很想站起来，突然用两个拳头敲桌子，只有这样，他们才会注意到他。不过，他还是忍住自己的冲动，只是把刀叉放下，一口菜也不吃了。尽管如此，他们还是没有注意到他。直到最后一道菜上了桌，母亲才发现他什么都没吃。她问他是不是身体不舒服。

"真受不了，"他心里想，"她脑子里永远只有一件事，我是不是病了。其他的她都不在意。"

他冷冰冰地回答说，他不饿。听到这句话，她就不再理他了。没办法，真的没办法让他们注意自己。男爵似乎也忘了他。他没有跟他讲半句话。艾德加的眼睛里涌出滚烫的泪水，他不得不用那种小孩子的伎俩，拿起餐巾擦脸，免得别人看到孩子气的眼泪顺着他的脸颊滑落，流到唇边，感觉到那种咸味。午餐总算结束了，他松了一口气。

刚刚吃饭的时候，母亲曾提议坐马车到玛利亚舒茨玩一玩。听到这句话，艾德加气得用牙齿紧紧咬着嘴唇。看起来，她连一分钟也不肯，让他和朋友单独在一起。正当他们要离开餐桌的时候，母亲对他说："艾德加，学校的功课你都快忘光了，你最好留下来温习。"这个时候，他的愤怒已经达到了顶点，他的小拳头握得紧紧的。她老是当着朋友的面让他难堪，老是当着众人的面说他还是小孩子，说他还要上学，还是大人的负担。这一次，她的意图太明显了。他根本懒得回答，就突然转过身去。

"你瞧，他又在闹别扭了。"她笑着说。接着，她又问男爵："让他做一个小时的功课，真的那么可怕吗？"

男爵说："做一两个小时的功课，当然没什么关系。"这句话重重打在艾德加的心头，他的心都凉了。这个男爵，不是自称是他的朋友吗？不是嘲笑过他整天待在屋子里不出去吗？他竟然会说出这样的话！

他们是商量好的吗?他们两个打算联合起来对付我吗?孩子的眼里射出怒火。

"爸爸不让我在这里做功课,爸爸要我在这里休养。"他以一种因为生病而自豪的语气大声说出这句话,借用他父亲的话和权威,做最后绝望的挣扎。

这句话听起来像是一种威胁。值得注意的是,这句话确实让他们两个人听起来不舒服。母亲转过头去,有点紧张地用手指头敲着桌子。三个人陷入痛苦的沉默。

"随你的便,艾德加,"最后,男爵勉强挤出一丝微笑说,"我不是个好榜样,真的,我从前没有一门课及格过。"

听了这句话艾德加并没有笑,只是用狐疑的眼光打量着他,拼命想看透他,仿佛想穿透他的心。他为什么变了?他们之间的友谊变质了,这个孩子却不知道为什么。男孩感到有点不安,转头看别的地方。他的心怦怦地跳,他开始起了疑心。

灼人的秘密

"妈妈为什么不一样了呢?"孩子坐在他们的对面,心里一直在想,"他们对待我的态度为什么和之前不一样了?我看妈妈时,她为什么不敢看我呢?男爵为什么总是刻意要逗我开心,在我面前扮小丑呢?他们两个都不再像昨天和前天那样陪我讲话了。他们仿佛变了一张脸。妈妈的嘴唇今天为什么这么红呢?她一定涂了口红。我从来没有看她这样过。至于男爵,他老是皱着眉头,好像不太高兴。可是,我并没有对他们怎样,也没有说什么话让他们不高兴。不对，原因不在我身上，因为他们彼此之间的态度也不一样了。他们好像做了什么事，却不能说出来。他们不再像昨天那样热烈愉快了。他们都不笑了，看起来有点不好意思，似乎在隐瞒什么。他们之间一定有什么秘密，不能让我知道。我无论如何一定要找出这个秘密。"

"我想我知道了，他们做的事情，一定和在家里的时候，爸妈把房门关起来所做的事情一样。我在书里面看到过，也在歌剧里看到过。男人和女人张开双手，互相唱着歌，走向对方。他们拥抱在一起，然后又把对方推开。他们之间的秘密，一定和我的法国女老师的秘密差不多，她和我爸爸的关系很奇怪，后来就被开除了。所有这些事情都有关系，我知道，只不过，我不晓得那是什么样的关系。哦，我一定要弄清楚。只要我能够解开这个秘密，只要我能够拿到钥匙，我就能够打开所有的门。很快的，我就不再是小孩子了。大人就无法再隐瞒我，欺骗我了！如果现在我无法解开这个秘密，以后就永远也解不开了！我一定要从他们身上找出这个可怕的秘密！"

当他在脑海里反复思索这些问题时，他的额头上出现了一道皱纹，使得这个瘦巴巴的十二岁小男孩看起来有些苍老。周围展现着灿烂缤纷的美景，可是，他连看也不看一眼。针叶树林把重重的山峦装点得一片翠绿，山谷笼罩在迟来的晚春柔和的光影中。这些山光水色都被他抛到脑后，他的眼睛始终盯着马车后座的两个人，仿佛只要用锐利的眼神看着他们，就能够从他们闪烁的眼神中把秘密找出来，就像渔夫钓鱼一样。这种激情的怀疑让他的头脑越来越灵光。对一个不成熟的心智而言，再也没有其他事情，比在黑暗中追踪更能够激发无限的想象。有时候，在孩子的世界和真实的世界之间只隔着一扇薄薄的门，只要偶然吹来的一阵微风，就能够把这扇门吹开。

艾德加突然感受到，一个他从来不曾想过的重大秘密就在他的眼前。他从来没有这种经验。那是一个还没有解开的谜，可是，他已经很接近那个谜，非常非常接近。这种状态让他感到很兴奋，使他突然变得严肃起来。不知不觉中，他有一种预感，感觉自己的童年快要结束了。

对面那两个人觉得有一种无形的压力笼罩着他们，可是他们并没有意识到，这种压力来自那个小男孩。三个人坐在马车里，觉得有点挤，行动受到限制。对面那双眼睛在黑暗中闪闪发光，让他们感到不自在。他们不太敢讲话，也不敢眉目传情。他们无法像之前那样轻松自在地谈话，他们已经被彼此之间的亲昵感困住了。他们之间的言语似乎越来越危险，隐藏着秘密的情欲。他们常常讲话讲到一半就停住了，他们想继续说，可是当他们感受到那个孩子充满敌意的沉默，他们又停住了。

孩子阴沉着脸不肯说话，对他的母亲来说更是一种压力。她小心翼翼地用眼角偷瞄孩子，那个时候，她第一次发现，孩子紧闭着嘴唇的模样，多么像她丈夫生气或受到刺激的模样。她忽然害怕起来。这个念头让她感到很不自在。在这个冒险偷情的时刻，她很不愿意想到丈夫。这个孩子像个幽灵，也像个守卫，守着她的良知。尤其，在这辆拥挤的马车里，在她对面一英尺外的地方，孩子那种狐疑的眼神和苍白的额头后面所隐藏的窥探的心灵，让她感到难以忍受。这个时候，艾德加忽然抬起头来，看了他们一下。他们两个人立刻低头避开对方的眼光。有生以来第一次，他们感觉到彼此在互相窥视。之前，他们完全信赖对方，然而此刻，母子之间忽然产生了隔阂。两个人之间似乎变得有些不一样了。有生以来第一次，他们开始观察自己，开始将自己的命运和对方分开，他们暗暗地彼此憎恨，不过，这种憎恨才刚刚开始，他们都还不敢承认。

当马车把他们载回旅馆门口的时候，三个人都松了一口气。这是一次很扫兴的郊游。三个人都感觉到了，可是没有一个人敢说出口。艾德加头一个跳下马车。母亲说她头痛，匆匆回到自己的房间。她累了，想一个人静一静。艾德加和男爵留在原地。男爵付钱给马车夫，看了看手表，朝着大厅走过去，不理那个男孩。这个帅气的男人身材挺拔，走路的姿态充满韵律，优雅自然。他从他旁边经过，深深吸引着艾德加。昨天艾德加还站在镜子旁边偷偷地模仿他。男爵自顾自地走过，显然忘了那个男孩，让男孩一个人站在马车夫和马儿旁边，仿佛这个孩子跟他毫无瓜葛。

无论如何，男爵始终还是艾德加心目中的偶像。艾德加眼看着男爵对他不理不睬，他的心仿佛被撕裂成两半。男爵就这样从旁边走过去，没有拉拉他的衣袖，也没有跟他说半句话。艾德加陷入绝望，真的不知道自己做错了什么，惹得男爵不高兴。他曾经努力保持镇定，而现在，他已经控制不了自己。他曾经努力装出大人的尊严，而现在，这样的重担从他狭小的肩膀滑落，他又变回一个孩子，和昨天之前一样，渺小而屈辱。他违背自己的意志，勉强走向前。他两腿发抖，很快地跟在男爵后面。当男爵要走上楼梯的时候，男孩追上了他。他强忍着泪水，迫不及待地问男爵："我到底做错了什么？你为什么不再理我了？你为什么不再把我当朋友了？为什么妈妈也不理我了？为什么你们老是要把我打发走？我惹你讨厌了吗？还是我做错了什么事？"

男爵愣住了。男孩的声音里有某种因素，让他感到困惑，也让他感动。他的心里开始对这个小男孩产生了同情。他对男孩说："艾德加，你真傻！我今天只是心情不太好，就这样。你是个好孩子，我真的很喜欢你。"他轻轻地摸摸男孩的头发，可是他却别开脸，不敢去看男孩那双泪眼蒙眬的大眼睛，不敢去看他那种哀怜的眼神。他玩的这场游戏，已经开始让自己感到沮丧。这样玩弄这个孩子的感情，他心里感到很羞愧。此时此刻，艾德加那种悲泣颤抖的声音刺痛了他。

"上楼去吧，艾德加，今天晚上我们还会再碰面的，你放心。"他抚慰着说。

"这么说，到时候，您就不会让妈妈很快就打发我上楼去了，对不对？"

"对！对！艾德加，我不会。"男爵笑了起来，"现在上楼去吧！我得换个衣服去吃晚饭了。"艾德加走了，为这一刻感到高兴。但是没多久，他心中又开始七上八下。从昨天起，他就已经长大了不少；他从来不曾猜疑过，如今，猜疑已经深植在他幼小的心灵中。

他等待着。这可能是关键性的一次试验。他们一起吃晚饭。九点了，母亲居然没有打发他上床睡觉。他开始不安了。为什么今天她偏偏让他在这儿待这么久？从前，她可是一板一眼的。难道男爵已经把他的心意和刚才的谈话向母亲透露了吗？他突然感到很后悔，今天真的不应该这么信任他，跑去追赶他。到了十点，母亲忽然站起来向男爵告辞。很奇怪，男爵对妈妈这么早就离开似乎一点也不感到惊讶，也不像前几次那样挽留她。男孩心中的疑问越来越多。

现在，试验是玩真的了。艾德加也装出一副若无其事的样子，没有抗拒，乖乖跟着母亲站起来，朝门口走去。到了门口，他忽然抬起头，看到母亲露出微笑，向男爵使了个眼色。那是一种神秘的微笑，充满了某种暗示。看起来，男爵真的把他出卖了。原来妈妈今天这么早就离开，只是为了哄哄他，让他放心，这样一来，明天他就不会再妨碍他们了。

"流氓。"艾德加低声咕哝了一声。

"你说什么？"母亲问。

"没事。"他硬从牙齿缝挤出这句话。

现在，他心中也有了自己的秘密。这个秘密叫作憎恨，对他们两个人无比的憎恨。

沉 默

如今，艾德加再也不会感到不安了。他终于感受到一种清清楚楚的纯粹感情。那是仇恨和公然的敌意。既然他已经知道自己妨碍了他们，对他来说，和他们待在一起就变成一种难以形容的莫大乐趣。他津津有味地盘算如何捣蛋，如何让自己的敌意发挥最大的力量来对付他们。

首先，他要给男爵一点颜色瞧瞧。第二天早上，当男爵走下楼梯，从他旁边走过时，很亲切地向他打招呼说："早安，艾德加。"艾德加头抬也不抬，好端端地坐在椅子上，冷冰冰地哼了一声"早"。

"妈妈下来了吗？"艾德加继续看他的报纸，一边说："我不知道。"男爵愣住了："怎么回事？艾德加，你没有睡好吗？"之前男爵只要说个笑话就能逗他开心。可是，艾德加只是冷冷地回他一句："没睡好。"仍然低头看他的报纸。

"傻小子。"男爵低声念了一句，耸了耸肩，走开去了。双方开战了。

艾德加对妈妈也是很冷淡，不过还是很有礼貌。她想打发他去打网球，可是，他静静地拒绝了。他露出微笑，嘴唇紧闭着，嘴角微微上扬，露出轻蔑的表情，表示他不会再受骗。

"妈，我宁愿跟你们一起去散步。"他装出一副亲切的样子，一边说一边盯着她的眼睛。

这个回答显然让她很为难。她犹豫了一下，假装四处张望，仿佛在找什么。"在这儿等我一下。"她交代了他一句，就进去吃早餐了。

艾德加在那边等着，心中满腹狐疑。如今，他有了一种不安的直觉，从他们两个人所说的每一句话，他都感觉到某种秘密、敌意。有时候，怀疑赋予他一种奇特的敏锐洞察力，判断他们的行为。艾德加没有按照他们的吩咐乖乖在客厅里等，而是跑到街上去，站在那儿等。在那里，他不但可以守住大门，也可以守住所有的门。他心中隐隐约约有一种预感，他们又要骗他了。不过，他们再也不能甩掉他，偷偷溜走了。他按照从书上看来的印第安人手法，躲在街上一堆木头后面。大约半个小时之后，他果然看到母亲从侧门出来，手上捧着一束美丽的玫瑰，而男爵，那个叛徒，果然跟在后面。这个时候，他很得意地笑了笑。

他们两个人看起来神采奕奕。是不是因为甩掉了他，松了一口气，两个人终于可以单独在一起，享受他们的秘密？他们有说有笑，朝着树林走去。

现在是时候了。艾德加不慌不忙地从木头后面走出来，装出一副碰巧遇到他们的样子。他非常镇静，神情自若地朝他们走过去，让自己有时间，有很多时间看到他们惊慌失措的模样，享受那种乐趣。这两个人呆住了，诧异地看着对方。那孩子装出若无其事的样子，慢吞吞地朝他们走过去，眼中露出讥讽的神情，紧紧盯他们。

"嘿，你在这里啊！我们在里面找不到你。"母亲终于开口了。

多么不要脸，睁着眼睛说瞎话，孩子心里想。可是，他紧闭着嘴唇，一句话也不说。他把憎恨的秘密藏在牙齿后面。

他们三个站在那里，你看我，我看你，不知如何是好。"我们走吧！"那个恼火的女人说，语气充满了无奈。她扯下一朵美丽的玫瑰花。她的鼻翼周围又开始轻微地颤动，显示她怒火中烧。艾德加站在那里，装得事不关己。他左顾右盼，等他们走过去后才跟在他们后面。男爵还不死心，又试探了他一下："艾德加，今天有网球赛，你以前看过没有？"艾德加只是轻蔑地看着他。他根本不再理会他，只是噘起嘴唇，像是要吹口哨。这就是他的答复。他明白表现出他的仇恨。

这孩子像个不速之客，对他们两个人来说，真是莫大的负担。就像囚犯走在监狱的警卫后面，偷偷握紧拳头。这孩子其实也没有做什么，可是，他那猜疑的目光，强忍着泪水的眼睛，气呼呼不理睬人的模样，让他们越来越难以忍受。

"快一点。"母亲突然气冲冲地说。他一直在偷听，搅得她心神不宁。"别在我前面挡路，快被你烦死了！"艾德加乖乖听话，可是，走了几步以后，他总会转回身来。如果他们落在后头，他就停下来等，就像梅菲斯特变成了黑色卷毛狗围着浮士德博士转圈子一样，眼神在他们周围画圈，使他们困在仇恨的网子里，再也无法逃脱。

他那满怀恶意的沉默破坏了他们的情趣，仇恨的表情让他们失去谈话的兴致。男爵再也不敢讲一句挑逗的话。当他感觉到这个女人快要从他手里溜掉时，他很愤怒。他费了九牛二虎之力撩起了她的激情，可是现在，由于害怕这个麻烦又讨人厌的孩子，她的激情又慢慢冷却了。他们一再想办法说话，但始终说不下去。最后，他们三人都不说话了，无精打采地走着，听着林间树叶的窸窣声，还有他们自己的脚步声。这个孩子扼杀了他们谈话的兴致。

现在，他们三个人都怀着敌意。这个被他们背叛的孩子心里很得意，感觉到他们虽然一肚子火，对他这个被轻视的小鬼却又无可奈何。他等着他们忍不住对他发脾气，偶尔用嘲弄的眼神看着男爵铁青的脸。他看到男爵紧咬着牙，努力压抑自己不对他发脾气，他也怀着一种恶魔般的乐趣，注意到母亲的火气越来越大，注意到他们两个人很想找机会修理他，把他撵走，让他当不了电灯泡。可是，他不给他们任何机会。他花了好几个钟头算计好要怎么表达仇恨，他不给他们有机可乘。

"我们回去！"母亲突然说。她再也忍不下去了，她一定要采取行动，否则在这种精神折磨下，她一定会尖叫起来。

"多可惜啊！"艾德加心平气和地说，"今天天气多好啊！"

两个大人都觉察到这个孩子在戏弄他们，不过他们什么话也不敢说，这个小暴君在短短两天里已经把自我克制的功夫学到家了。从他脸上的表情,完全看不出是在嘲讽。他们默默无言地走回旅馆。

当房间里只剩艾德加和母亲两个人时,她的怒火还没有平息。她气冲冲地把洋伞和手套扔在地上。艾德加立刻就感觉到,她的神经已经紧绷到极点,需要发泄。不过,他要她彻底地发作,故意留在她的房间里刺激她。她在房间里走来走去,站起来又坐下,手指头敲着桌子,然后又跳起来。

"看看你的头发有多乱,看看你多么邋遢,还敢到处乱跑,真是丢尽了我的脸。长这么大了还不知道难为情?"

男孩一句话也不说,乖乖过去梳头。他的沉默,他那种冷漠又固执的沉默,还有嘴角的嘲讽意味,简直让她忍不住要发狂。她恨不得狠狠揍他一顿。

"回你的房间去!"她对他大吼。她再也受不了了,她不想看到他。艾德加带着微笑走了。

现在,这两个人可得在他面前发抖了!他们害怕和他在一起的时刻,害怕他冷漠无情的眼神捉住他们。他们越觉得不愉快,他脸上的表情就越快乐,心中的乐趣就越来越旺盛。艾德加以一种野兽般的残忍和粗暴,来折磨这两个灵魂。男爵之所以还能够压抑他的火气,是因为他心里别有所图,希望自己还能够哄哄这个小孩子。可是艾德加的母亲,已经忍不住要发脾气了。只有吼他几声,她才能够发泄一下。"不要玩叉子,"她在餐桌上骂他,"你是个没教养的孩子,你不配跟大人坐在一起吃饭。"

艾德加始终带着微笑,微微歪着脑袋。他听得出母亲的吼声充满绝望,能够让她这样失态,他感到很得意。他的眼神看起来很冷静,像个医生。从前,他很可能是因为顽皮才惹她发脾气,可是仇恨，让他很快就学会了很好的方法。现在，他只要沉默，一直保持沉默，直到他们两个人在沉默的压力下开始呻吟。

他的母亲再也受不了了。她站起来准备离开餐桌，艾德加一副理所当然地跟在她后面，这个时候她突然发作了。她把所有的顾忌都抛到脑后，说出了真话。她受不了他鬼鬼祟祟地跟在她后面。她像一匹饱受苍蝇折磨的母马，愤怒地用后腿站起来。"你怎么老是像个三岁孩子跟在我背后？我不喜欢你一直跟着我。小孩子不应该整天和大人在一起，你听懂了吗？自己到别处玩一下。看看书，想干什么就干什么，随你高兴。让我安静一下！老是鬼鬼祟祟地跟在后面，一副讨人厌的模样，看了就烦。"

她终于说出心里的话了，她供认了！艾德加笑了起来，而男爵显得很难为情，和她一样狼狈。她转身想离开，心里却很懊恼自己不应该对小孩子泄露心里的感觉。然而，艾德加只是冷冷地说："爸爸不让我一个人在这里到处乱逛。我答应过爸爸，一定要小心，而且一定要跟在你身边。"

他强调"爸爸"这两个字，因为他之前已经发觉，这两个字会对他们产生某种作用，使他们变得软弱。因此，爸爸一定和这件隐藏的秘密有关。爸爸必定具有某种神秘力量，能制服这两个人，只是他不知道罢了。因为只要一提到爸爸，他们两个人就会显得害怕不安，更何况，这一次他们连话也说不出来。他们投降了。母亲走出去，男爵跟在她旁边，艾德加跟在他们后面，可是他不再像仆人一样低声下气，反而像一个监狱的警卫，冷酷、严厉、无情。他手里握着一条叮当作响的无形铁链，锁着他们，他们无法挣脱。仇恨使这个孩子变得更有力量。虽然他不知道这个秘密，却比他们两个人更强大，因为，秘密绑住了他们的双手。

撒谎者

时间已经很紧迫了。男爵待不了几天就要走了,他必须加紧利用剩余的时间。他们发现,和这个顽固恼怒的孩子硬碰硬是没有用的,于是,他采取了最后一招,也是最卑劣的一招:逃避。只要能够逃脱这个小暴君的统治,就算一两个小时也好。

"把这几封挂号信送到邮局去。"母亲对艾德加说。他们站在大厅里,男爵在外面和一个马车夫说话。

艾德加满腹狐疑地接过那两封信。他注意到刚才有一名服务生把一封信交给他母亲。难道他们串通起来要对付他?

他犹豫了一下说:"你在哪里等我?"

"这里。"

"真的吗?"

"真的。"

"你可不要跑掉!你在大厅这里等到我回来,知道吗?"他用一种居高临下的态度跟母亲说话,仿佛在命令她。从昨天起,发生了很大的变化。

随后,他拿着两封信走了。他在门口正好碰到男爵。这是两天以来他第一次跟他说话。

"我去寄两封信。我妈妈在大厅等我回来。你们先别走。"

男爵赶紧侧过身体让他过去。"好,好,我们会等你。"

艾德加一口气跑到邮局。他前面的先生问了一大堆无聊的问题,他只好乖乖地等。最后,他终于寄了信,立刻拿着收据跑回去。赶到旅馆的时候，刚好看到母亲和男爵坐着马车扬长而去。

他气得呆住了。他气得想弯腰捡一块石头向他们扔过去。他们终于甩掉他逃走了，他们竟然骗他，多卑鄙，多下流！从昨天开始，他就知道母亲会撒谎。可是，他没想到母亲竟会这么无耻，违背承诺，他心中对她仅存的信赖也彻底破灭了。当他亲眼看见，他曾经信以为真的话，原来只是些五彩缤纷的气泡，破裂之后，消失在空中，从此以后，他再也无法理解人生了。但是，这究竟是多么可怕的秘密呢？为什么会把大人弄到这种地步，欺骗他，欺骗一个小孩子，像犯人似的偷偷溜掉？在他读过的书里，人们为了金钱、权力、王位才会杀人，才会欺骗。可是，他们为什么要骗他呢？他们要做什么呢？他们为什么要躲开他？他们说了一堆谎话，到底是为了掩饰什么呢？他绞尽脑汁拼命想。他隐隐约约觉得，这个秘密就是童年的门锁，打开这道锁，他就长大了，成为一个男子汉。要是能够解开这个秘密，该有多好！然而，愤怒使得他再也无法清醒地思考。他们甩掉了他，怒火像浓烟一样蒙蔽了他的视线。

他跑到外面的树林里。在那里，他可以躲在深深的黑暗中，不会被别人看到。在那里，他可以放声大哭，尽情地流泪。"撒谎的家伙，狗养的，骗子，流氓！"他一定要大声喊出这些骂人的字眼，否则他会窒息而死。这几天来，他像小孩子一样地赌气，幻想自己已经长大成人，拼命压抑心中的狂怒、焦躁、烦恼、好奇、束手无策和被人出卖的感觉，如今，种种情绪从他的胸口泉涌而出，化为泪水。这是他童年时代最后一次哭泣，最后一次大哭大喊。他放任自己最后一次像女人一样，痛痛快快地大哭一场。此刻，他让自己淹没在狂怒里，抛弃所有的信赖、爱戴、信仰和尊严，抛弃他的童年。

当他回到旅馆时，已经变成了另外一个人。他冷静沉着，凡事三思而行。他先回到自己的房间，小心翼翼地把脸和眼睛洗干净，不让母亲和男爵看到他流眼泪，不让他们享受那种胜利的喜悦。随后，他决心要和他们算账。他耐心地等着，不慌不忙。

当马车载着两个逃跑的人回到旅馆门口时，大厅已经挤满了人。有人在下棋，有人在看报纸，几个女人在聊天。一个小男孩静静地坐在人群中，一动也不动，脸色有点苍白、表情有点害羞。当母亲和男爵从大门走进来，猛然看到他，不免有一点难为情。他们正结结巴巴地把准备好的借口说出来时，只见他挺直着身子、神情自若地朝他们走过去，以一种挑战的口气说："男爵先生，我有几句话要跟你说。"

这下子男爵可尴尬了。当场被逮到，他感到有点惊慌失措。"好，好，等一下，等一下！"

可是，艾德加故意提高了嗓门，让周围的人都听得到："不行，我现在就要告诉你。你的行为卑鄙无耻。你骗了我。您明明知道我妈妈在等我，可是你……"

"艾德加！"他母亲大喊。所有人的眼睛都在看她。她朝着他冲过去。

孩子发现她似乎想用叫喊的声音让别人听不到他讲的话，于是，他突然用最大的声音继续说："我要当着所有人的面再说一遍，你无耻，你撒谎。下流，卑鄙。"

男爵站在那里，脸色苍白，大家都目不转睛地看着，有几个人在偷笑。

母亲一手抓住这个孩子。孩子激动得全身发抖。"马上回你的房间,否则我可要当着大家的面揍你了。"她激动得声音都嘶哑了。

艾德加又冷静下来了。他很后悔自己刚才太激动了。他对自己很懊恼,他本来打算以一种冷静的态度向男爵挑战,可惜,在最后一刹那,他的怒火蒙蔽了他的意志。他安安静静、不慌不忙地转身走向楼梯。

"男爵先生,请原谅他的粗鲁无礼,我想你是知道的,这孩子本来就喜怒无常。"她被周围的人们那种幸灾乐祸的目光看得有点不知所措,说起话来还是结结巴巴。

对她来说,世界上没有比丑闻更可怕的了,她知道现在必须保持镇定。她没有立刻逃之夭夭,而是先到门房那里问有没有信件,还问了些无关紧要的事,然后走上楼去,仿佛什么事也没有发生过。但是,等她上楼之后,现场扬起一阵令人恼怒的窃窃私语和低沉的笑声,像船行过水之后船尾扬起的浪花。

一路上她放慢了脚步。每次遇到严重的情况她总是惊慌失措,她本来就很怕面对这种冲突。她知道自己犯了错,因此,她害怕孩子看她的眼神,害怕那种前所未有的奇特的眼神,那种使她无力慌乱的眼神。因为恐惧,她决心用温柔的态度面对他。因为她知道,如果发生面对面的冲突,现在这个孩子可是占上风。

她轻轻推开房门。艾德加坐在那儿,看起来冷淡而镇静。他抬起头来,看着她的眼睛,毫无惧色,也没有半点好奇的样子。他看起来胸有成竹。

"艾德加,"一开始,她尽可能以母亲慈祥的口吻说,"你到底在想什么?你真是丢尽了我的脸,你还是个孩子,对大人说话怎么可以这么没礼貌呢!你赶快去跟男爵道歉。"

艾德加看着窗外，嘴里说："不。"好像是对着外面的树木讲话。

他的坚持开始令她感到诧异。

"艾德加，你怎么啦？你真的和以前完全不一样了？我完全认不出你来了，你以前是一个聪明、守规矩的好孩子，什么事情都可以和你讲道理。你怎么突然变成这样，好像被魔鬼附身似的。男爵有对你这样吗？你原先不是很喜欢他吗？他也一直都很喜欢你呀。"

"是啊！那是因为他想认识你。"

这句话让她听了很尴尬。"胡说！你到底在想什么？你怎么会这样想呢？"

这个时候，孩子发火了。

"他是个骗子，他不老实。他所做的每一件事情，都是在算计别人，手段阴险。他对我好，还答应送我一条狗，只是为了想认识你。我不知道他答应过你什么，他为什么要对你这么好，不过，妈妈，他也想要从你身上得到什么，一定是这样的，否则他不会这样殷勤。他是个坏人。他说谎。你只要看他一眼就够了，他看起来永远都是那么虚伪。噢，我恨他，这个满嘴谎言、卑鄙的家伙，这个流氓……"

"艾德加，你怎么可以这样说话。"她很尴尬，不知道该怎么回答才好。她心里明白，这孩子是对的。

"没错，他是个流氓，你想说服我去向他道歉，我办不到。你自己也必须看清楚。他为什么怕我？为什么要避开我？因为他心里明白，我看透了他，我知道他是什么样的人，这个流氓！"

"你怎么可以说这种话，你怎么可以说这种话。"她的脑袋一片空白，嘴唇苍白，结结巴巴地重复这两句话。现在，她突然感到很害怕，她不知道怕的是男爵，还是这个孩子。

艾德加发现他的警告起了作用，于是，他决定把她拉到自己这边来，让自己多一个同志，一起对付男爵。他温柔地走向母亲，抱住她。由于情绪激动，他的声音变得有点谄媚。

"妈，"他说，"你一定也发现他存心不良。你变了很多。被他改变的人是你，不是我。他挑拨我之间的感情，只是为了和你单独相处。我相信你也被他骗了。我不知道他答应给你什么，不过，我只知道他这个人说话不算话，你对他应该小心一点。任何人只要欺骗过别人，就会欺骗其他的人。他是一个坏人，不值得信任。"

他的声音带着哽咽，无比轻柔，仿佛道出了她的心声。她内心深处本来就隐隐感到不安，知道孩子说的都是真的，而且越想越有道理。但是，她拉不下脸承认孩子说得有道理。于是，就像大多数人一样，她用一种蛮横的姿态说话，使自己脱离这种不寻常的感情所造成的难堪。她挺直了身子。

"这种事情不是小孩子能懂得的，你不该插嘴。你乖一点就可以了，别的事情你不要管。"

艾德加的脸又冷漠起来了。"随你的便，"他毫不让步地说，"别说我没有警告过你。"

"这么说，你是不肯道歉了。"

"不可能。"

他们面对面僵在那里。她感觉自己的威严快要荡然无存了。

"那么，你就一个人在楼上吃饭吧。等你肯道歉了，再来跟我们一起吃饭。我还要教你一点规矩。在得到我的允许之前，你不准离开房间一步。听明白了吗？"

艾德加微微一笑。这种不怀好意的微笑仿佛变成他惯有的表情了。不过，他心里对自己很懊恼。他觉得自己太笨了，居然还想好心地警告她。她也在撒谎。

母亲飞快地走出房门，不敢再看他一眼。她不敢看他那种锐利的眼神。她感觉到，他知道得太多，而且他说的话，正好是她不想面对，也不想听的。从此以后，每次看到这个孩子，她就会觉得很不舒服。让她心惊胆跳的是，她发现一个内心的声音，她的良心，离开了她的躯壳，化身为她的儿子缠绕在她周围，警告她，嘲笑她。从前，这个孩子和她很亲近，像是她身上的装饰品、她的玩具，可亲又可爱。也许有时候，她会觉得他是一种累赘，不过，他的一举一动都跟随着她，始终跟着她的生活步调走。如今，这是他头一次反抗她，违背她的意志。如今，一想到自己的孩子，她心里就会产生类似憎恨的情绪。

她走下楼梯，感觉有点疲倦。此刻，脑海中又回响起这孩子的声音："你要小心他。"他的声音一直在她的脑海中徘徊不去。下楼的时候，她经过一面镜子。她以质疑的眼光看着镜中的自己，越靠越近。最后，她看到自己的嘴唇微微张开，露出淡淡的笑容，接着又变成圆形，仿佛在说一个危险的字。那个声音一直在心中回响着，但是，她耸耸肩膀，仿佛要把身上所有无形的思绪甩掉，然后，她以明朗的眼神看看镜子，撩起裙子，走下楼去，那种坚定的神态，就像个孤注一掷的赌徒，把身上最后一枚金币滚到桌上，发出清脆的声音。

月下行踪

　　服务生替艾德加送晚餐过来后,把门上了锁。被罚在房里吃饭的孩子勃然大怒。显然是他妈妈叫人把他像一头野兽似的关起来。他顿时心生恶念。

　　"我被关在楼上,现在他们在楼下干什么?他们那两个人现在在谈些什么?那些秘密快要被揭开了吗?我会错过吗?喔,那一定是个天大的秘密,每当我跟大人们在一起,不论走到哪里,我一直都能感觉到它的存在。夜里,当他们把门关上,而我突然走进去的时候,他们就会压低声音说话,这几天,我几乎就要揭开这个秘密了,几乎就要把它抓在手中了,但是,还是被它溜掉了!为了抓住它,我想尽了各种办法!之前,我偶尔会从爸爸的桌上偷书来看,书里面都是一些稀奇古怪的事情,只是,当时我还读不懂。这个秘密一定有某种封印,只有解除了这个封印,才能够揭开秘密。这个封印可能在我身上,也可能在别人身上。我曾经问过家里的女用人,拜托她解释书里的事情给我听,她却大笑起来。当小孩子,多么可怕,一肚子好奇,大人却又不准你问东问西。大人总是嘲笑你,好像你很笨,一点用也没有。不过,我一定会揭开这个秘密的,我感觉得到,谜底已经快要揭开了。我已经费了不少工夫,不揭开这个秘密,我绝不罢休!"

　　他竖起耳朵,聆听外面的动静,看看有没有人在附近。一阵微风轻轻吹拂过林间,枝叶摇曳,如明镜般皎洁的明月在疏落的枝叶后面若隐若现,月光穿过枝叶,散落成成百上千个闪烁光点。

"那两个人一定没安好心眼，要不然不会用这样卑劣的谎言把我支开。我知道，他们现在一定暗地里在笑我。这两个坏蛋。他们心里一定以为终于把我摆脱掉了，不过，最后一定会轮到我来嘲笑他们。我实在太笨了，居然让他们把我关在这儿，我应该盯紧他们，监视他们的一举一动。我知道，大人们总是漫不经心，即使是他们两个人，最后也一定会败露事迹。他们总以为我们还是小孩子，我们还太年轻，到了晚上就会去睡觉，他们忘了小孩子也会装睡，然后偷听他们讲话，他们忘了小孩子也会装傻，其实骨子里聪明得很！不久之前，姑妈生了一个孩子，他们老早就知道这件事了，却偏偏在我面前装出很吃惊的样子。其实，这件事我早就知道了，几个星期前的一个傍晚，我就偷听到他们在谈这件事，而当时他们以为我睡着了。这一次，我会让他们吓一大跳，这两个卑鄙的家伙。喔！要是能够穿透这道门偷偷地观察他们，该有多好，现在他们一定自以为很安全。也许我现在应该拉一下铃。女服务生可能会来帮我开门，问我想要什么。也许我可以摔东西，打碎一些餐具，这样一定会有人来开门，我就可以趁机溜出去，偷看他们两个在做什么。可是不行，我不可以这样做。我不要让任何人看到他们用这种卑劣的方式对待我，我的自尊心不容许我做这种事，我要等到明天再报复他们。"

楼下传来一阵女人的笑声。艾德加开始紧张起来。那可能是他母亲的笑声。她确实有理由笑。她戏弄一个弱小无助的男孩，当他令人讨厌的时候，她就叫人把他锁在房间里，把他像一堆湿衣服似的扔在房间的角落。她确实应该笑。他小心翼翼地把身体探到窗外去。不对，不是他妈妈，只是几个不认识的女孩在取笑一个小伙子，乐过了头。

这个时候，他忽然发现，原来窗户离地面并不高。这项发现，让他立刻产生一个念头：跳出去。现在，当他们自以为高枕无忧的时候，他就可以去偷听他们讲些什么。下定决心之后，他兴奋不已。他认为，童年时代的伟大秘密已经掌握在他的手里了。"跳出去，跳出去！"他内心有一个颤抖的声音说。一点也不危险。附近没有半个人，于是，他跳了下去。跳下去的时候，只听到他的脚踩上鹅卵石的声音，很轻微，没有人发现。

在这两天里，偷听、潜伏已经成为他生活中极大的乐趣。他沿着旅馆的周围，蹑手蹑脚地前进，小心翼翼地躲开里面射出来的强烈灯火，这个时候，他感觉到乐趣中掺杂着恐惧的战栗。首先，他的脸轻轻地贴在玻璃上，看看窗内的餐厅。他们平常坐的那张桌子空空的。他继续往前走，一扇窗户接着一扇窗户往里面看。他不敢走进旅馆，因为他怕会在走廊上突然撞见他们。整个旅馆都看不见他们的踪影。正当他开始感到绝望时，忽然看见门口走出来两个人，他身体往后一缩，躲在暗处。妈妈和她那个如影随形的同伴走出来了。看来，他来得正是时候。他们在说些什么？他们说得很小声，而树林里的风太大，吹得枝叶窸窣作响，他根本听不见他们在说什么。突然，他听见一阵清晰的笑声。那是他妈妈的笑声。他从来没有听她这样笑过，那种笑声很尖锐，充满兴奋，充满诱惑，令人陶醉。那种笑声听起来很诡异，令他感到害怕。她在笑，所以，看来他们拼命想隐藏的事情，根本不是什么大不了的事情，没什么危险。艾德加感到有点失望。

可是，他们为什么要离开旅馆呢？三更半夜，他们要去哪里？天空里，风声仿佛巨大无比的翅膀，呼啸而过。刚才夜空一片清朗，而现在是一片暗沉沉的漆黑，仿佛有一双无形的手抛出一片黑布，盖住了天上的月亮。黑夜深沉，几乎看不见前面的路。没多久，明月又摆脱了黝黑的云层，再度绽放光明。整片田野又笼罩在清冷的银色月光下。变幻无穷的光影仿佛披着薄纱的女人，美丽的躯体若隐若现。此刻，眼前的景物一览无遗，艾德加看见他们两个人在前面的路上漫步。他们紧紧依偎在一起，看起来仿佛只有一个人，仿佛有一种内心的恐惧把他们挤压在一起。这两个人究竟要去哪里呢？松树在呻吟，树林间弥漫着阴森之气，仿佛有一群阵亡的英魂在里面呼唤。

"我要跟着他们，"艾德加心里想，"风声和树声这么大，他们一定听不到我的脚步声。"他们两个人在宽阔、明亮的路上慢慢走着，而他爬到松树上，从一棵树跳到另外一棵树，藏匿在阴影中。他不屈不挠地跟踪他们，暗中感谢风声掩盖了他的脚步声，却又咒骂风声害他听不到他们讲的话。他相信，只要能够听到几句他们讲的话，他一定能够揭开这个秘密。

他们两个人在底下走着，完全没有察觉到树上有人。能够在这广阔无垠、狂野的夜里相聚，他们感到很幸福。他们陶醉在对彼此的迷恋中，而这种痴迷越来越强烈，完全没有察觉，在头上枝叶的阴影中有人在跟踪他们，有一双眼睛在窥视他们，那双眼睛充满了憎恨和好奇，集中全部的力量紧紧盯着他们。

突然，他们停了下来。艾德加也跟着停下来，紧紧贴着一棵树，心里感受到一阵强烈的恐惧。要是现在他们转头走回去，比他先回到旅馆，要是他无法偷偷溜回自己的房间，而母亲发现他不在的话，那该怎么办？那就前功尽弃了。那个时候，她就会发现他在偷偷监视她，而他就永远别想揭开这个秘密了。不过，他们两个人犹豫了一下，显然有不同的意见。还好月光很明亮，他能够看清楚他们的一举一动。他看到男爵指着一条黑暗狭窄的小路，可以通到山谷。山谷不像道路那么宽阔，月光无法遍照每一个角落，只看得到疏疏落落的少许光影。

"他为什么要到那下面去呢？"艾德加心里起了一个疑问。他母亲好像说"不"，可是男爵一直怂恿她去。从男爵的手势，艾德加看得出来，他似乎拼命想说服母亲。这个孩子开始感到害怕了。这个男人到底想对他母亲怎么样？这个流氓为什么拼命想把他母亲拖到暗处？他忽然想到他看的书。对他来说，书本里的世界是一个真实的世界，里面有月光、诱拐和黑暗的罪行。就是这样，男爵想谋杀她。这就是为什么男爵把他支开，引诱他妈妈一个人。他不知道自己应不应该喊救命。杀人啊！他几乎已经要喊出来了，然而，他的嘴唇很干，发不出声音来。由于紧张，他的神经已经近乎崩溃，他觉得自己快要倒下去了。恐惧之下，他抓住一个东西支撑自己。这个时候，只听到咔嚓一声，他手里抓的树枝折断了。他们两个人吓了一跳，转身看着暗处。艾德加吓得不敢动，背靠着树干，两手交叉在胸前，低垂着头，躲在阴影里。四周一片死寂。妈妈看起来很害怕。"我们回去吧！"他听见母亲说。她的声音听起来很焦虑。男爵显然也感到不安了，因此，他也同意了。他们两个人紧紧依偎在一起，慢慢地走回去。由于他们陶醉在两人的世界里，艾德加得以安然脱身。他紧贴着树根，慢慢爬到森林的转弯处，双手皮破血流。到了那里，他开始拼命向前跑，一路跑到旅馆，跳上了楼梯。还好，钥匙还插在门外，他转开锁，溜进他的房间，跳上床。他不得不休息一两分钟。他的心头狂跳，活像吊钟的锤。

然后，他站起来，靠在窗口等他们回来。他等了好久。他们一定走得很慢。他聚精会神地看着窗外的一片漆黑。现在，他看到他们慢慢走过来了，月光洒在他们的衣服上。在绿色的月光下，他们看起来像幽灵。一想到男爵真的是一个谋杀犯，那种恐惧又再度涌上心头，不过他也很得意，由于有他在场，那件可怕的事情才没有发生。他清楚地看到他们的脸像石灰一样的苍白。他母亲的脸上有一种欣喜若狂的表情，那是一种他从来没有见过的表情。相反的，男爵紧绷着脸，看起来很懊恼。显然，他的计划落空。

他们已经走得很近了。当他们快到旅馆门口的时候，两个人开始分开走。他们会不会抬头看上面呢？结果没有，两个人都没有抬头看他房间的窗户。"他们根本就把我忘了。"男孩心里想。他一方面感到愤怒，一方面又暗暗得意："我可没有忘记他们。他们大概认为我已经睡着了，或者根本当我不存在，不过他们很快就会知道自己错了。我要一步一步地监视他们，直到我揭穿那个坏人的秘密为止。想到那个可怕的秘密，我就睡不着觉。我很快就要把他们拆散。我不会去睡觉的。"

他们两个人慢慢走进了大门。当他们一前一后进门的时候，明亮的灯火把他们的影子投映在地上，拉成一条长长的黑影，拖行了大约一秒钟，然后消失在门里。旅馆前的空地又恢复了宁静，像一大片白雪覆盖的草地。

袭 击

艾德加深深吸了一口气，后退几步离开窗口。他对整件事情感到恐惧，全身发抖。在他的一生中，他从来没有亲身经历过这种神秘的事情。对他来说，尽管书本的世界紧张刺激，充满了惊心动魄的冒险、谋杀和欺骗，令他印象深刻，不过，那个童话般的世界毕竟像梦境一样，虚幻缥缈，遥不可及。现在，他发现自己突然陷入这个可怕的世界，这种活生生的接触侵扰着他的身体和心灵，让他不寒而栗。这个神秘男人，突然闯进他们宁静的生活，他究竟是谁？他一直在寻找一个偏僻的地方，处心积虑想把母亲引到黑暗的地方去，难道他真的是一个谋杀犯？恐怖的事情眼看就要发生了。他不知道该怎么办。明天，他一定要写一封信给他父亲，或是发一封电报。可是，这件邪恶可怕的神秘事件，会不会今天晚上就发生了？有可能，因为母亲到现在还没有回到自己的房间，她现在还在跟那个可恨神秘的人物在一起。

　　里面的门板很结实，外面的门板很薄，很容易打开，两道门之间是一个狭窄的通道，宽度和衣柜差不多。他挤进这个狭窄的空间里，他就可以听到走廊上传来母亲的脚步声。他下定决心，一分一秒也不能让母亲孤独一个人。已经是午夜了，走廊里空荡荡的，只剩下一盏昏暗的灯。

　　此刻，他感觉每一分钟都漫长得可怕。终于，他听到他们小心翼翼走上来的声音。他屏息凝听。他们的脚步声不像直接走进房间时那么急促，而是拖拖拉拉、犹豫不前，仿佛在一条陡峻颠簸、漫长的坡道上爬行。他听到他们一边走，一边停下来说悄悄话，然后又没有声音了。艾德加紧张得全身发抖。他们两个人一起上来吗？他还是和她在一起吗？他们的声音离得太远了，他听不到。可是，尽管他们还在犹豫不前，他们的脚步声已经很近了。这个时候，他突然听到男爵那令人厌恶的声音。他很小声地说一些他不懂的话，然后，他立刻听到妈妈急忙拒绝："不行，今天晚上不行。"艾德加一直发抖，他们越走越近了。现在，他什么都听得很清楚了。尽管他们的脚步声很轻，可是，他们每走近一步，他的心头就感到一阵刺痛。他又听到那个令他无比厌恶的声音，那个贪婪、祈求、令人恶心的声音，那个他痛恨的男人。

"不要那么残忍。今天晚上你是多么迷人啊！"

然后，他又听到母亲的声音："不行，我不可以，我办不到，让我走。"

母亲的声音听起来很害怕，吓坏了那个孩子。他想要把她怎么样？她为什么那么害怕？他们已经走得很近了，现在一定就在他门口了。此刻，他就站在他们后面，近在咫尺，躲在黑暗中，全身发抖，他们中间只隔着一道薄薄的门板。他们的声音越来越近了。

"来吧，马瑟尔德，来吧！"接着，艾德加听到他母亲的喘息声，她的拒绝越来越软弱无力。究竟发生了什么事？他们又继续走进黑暗中。他母亲没有进自己的房间，反而继续沿着走廊走过去。他究竟要把她拖到哪儿去？她为什么不说话了？难道他把她的嘴巴封住了，还是掐住了她的喉咙？

这些念头令他发狂。他两手发抖，把门推开一条缝。现在，他可以看到他们两个人站在黑暗的走廊里。男爵一只手搭着母亲的腰，轻轻扶着她向前走。她显然已经不再反抗了。现在，他们停在男爵的房间门口。"他要把她拖进去了，"那孩子吓坏了，心里想，"他现在就要做那件可怕的事情了。"

他猛地把门撞开，向他们两个冲过去。他母亲发现黑暗里突然有什么东西向她冲过来，惊叫了一声。她似乎快要昏倒了，眼看就要倒下去，男爵差一点就扶不住她。就在这一瞬间，男爵感觉脸上被一只黑黝黝的小拳头打了一下，嘴唇狠狠地撞在牙齿上，感觉似乎有什么东西像猫爪子似的猛抓他的身体。他放开那个吓得魂飞魄散的女人。那个女人立刻溜走了。男爵不知道对手是谁，不过，他还是本能地挥拳还击。

那孩子知道自己不是男爵的对手，可是他毫不让步。他盼望已久的时刻终于来临了，他要为自己被出卖的感情讨回公道，他要发泄积聚在心头的怨恨。他盲目挥舞着小小的拳头，紧咬着嘴唇，满腔怒火。这个时候，男爵认出了他。可是他也恨死了这个小男孩。这几天这个小混蛋一直在扫他的兴，破坏他的调情游戏。他狠狠地还击，下手毫不留情。艾德加被打得不断呻吟，可是他毫不退缩，也不肯求救。午夜时分，他们闷声不响地继续恶斗，持续了好几分钟。后来，男爵慢慢发觉，和一个未成年的孩子打架真是可笑。于是，他一把抓住男孩，想把他推开。那个男孩感到自己快要没力气，知道自己快要打输了，当男爵正打算伸手抓他的脖子时，在盛怒之下，他一口咬住男爵那只强壮的手。男爵不自觉地低哼了一声，放开手。趁着这一瞬间，男孩逃进自己的房间，把门锁上。

这场午夜的恶斗只持续了一两分钟。左右的房客都没有人听到。到处一片寂静，所有的人都在睡梦中。男爵用手帕擦掉手上的血迹，满怀不安地在黑夜中看看四周的动静。没有人看见。整个走廊里只有头上那一盏闪烁的灯光，他感觉那盏灯正在嘲笑他。

暴风雨

"我是在做梦吗？那是一场可怕的噩梦吗？"第二天早上艾德加醒来的时候，内心充满了混乱和焦虑，不停地问自己。他的头发乱成一团，脑袋里嗡嗡作响，昏昏沉沉。他的关节僵硬发麻。当他低头一看，吓了一跳，原来自己连衣服也没脱。他从床上跳起来，摇摇晃晃地走到镜子前面，看到自己苍白扭歪的脸，吓得倒退好几步，他看到自己额头上有一块红肿的瘀青。他努力地回想。现在，他终于想起来了。昨天晚上，他在走廊里和别人打斗，然后冲回房间，全身发烧，不停地颤抖。为了继续打斗，他穿着衣服躺在床上。他一定是睡着了，睡得不省人事，迷迷糊糊地梦见昨晚的一切。在梦里，整件事变得更可怕，充满了潮湿的血腥味。

底下的鹅卵石走道发出阵阵的脚步声，鼎沸的人声像无形的鸟儿一样传到了楼上，太阳已经高高悬在天空。一定快到中午了，可是，当他满怀不安地看着手表，发现手表上的时间还停在午夜。昨天晚上太紧张了，他忘了帮手表上发条。由于不知道时间，他感到很不安，感到心烦意乱。他糊里糊涂，不太清楚昨天究竟发生了什么事。他赶紧整理了一下仪容，然后走到楼下，心中忐忑不安，隐隐有一种罪恶感。

走到餐厅，他看到母亲自己一个人坐在他们平常坐的桌子旁边。艾德加松了一口气。他的仇人不在那里。昨天晚上，他怒气冲天地挥拳打了那张面目可憎的脸，现在，他终于不用再看到那张脸了。然而，当他走到桌子旁边的时候，心里却感到不安。

"早安！"他向母亲问候。

母亲没有理他，甚至没有抬头看他，她两眼发直地看着远处的田野，模样很奇怪。她脸色很苍白，眼圈黑黑的，鼻翼不停地颤动，显示出她内心很激动。艾德加紧闭着嘴唇。这种沉默让他感到很不安。他不知道，昨天晚上自己是不是把男爵打伤了，也不知道母亲究竟知不知道昨天晚上的打斗。他头脑不清，内心十分苦恼。母亲脸色铁青，他根本不敢看她，他担心母亲会突然张开沉重的眼皮，抬头瞪他。他静悄悄的，不敢发出半点声音，他小心翼翼地举起杯子轻轻地放下去，偷偷瞄了一眼母亲的手。母亲的手指头用力地弯曲，很紧张地摆弄汤匙，显示出她内心的愤怒。他就这样坐了十五分钟，紧张得喘不过气，等待母亲的反应。可是，母亲一直没有反应。母亲一句话也不说，使得他一直陷在困境里。这个时候，母亲站起来了，可是，她仿佛没有看见他就坐在她前面。他不知道该怎么办，继续坐着，还是跟她一起走？最后，他还是站了起来，忍气吞声地跟在她后面。她显然存心漠视他。他感觉到就这样跟在她后面实在很可笑。他把脚步放慢，越走越慢，让自己远远落在她后面。而母亲头也不回地走进自己的房间，根本就不管他。艾德加走到她房间门口时，发现门锁得紧紧的。

怎么回事？他可真是糊涂了。昨天，他的自信心才刚刚恢复，现在又消失了。难道他昨天晚上突然攻击男爵是错了吗？他们打算惩罚他，还是又打算羞辱他？他感觉到一定有什么事情会发生，某种可怕的事情就要发生了。他们两个人之间有一种暴风雨来临前的闷热，仿佛充了电的两极，即将爆发出闪电。这种预感像一个沉甸甸的包袱压在他身上，他扛着沉重的包袱，拖着沉重的脚步，孤零零地在旅馆的厅房间走来走去，走了四个钟头。最后，他那纤细幼小的脊梁终于承受不了这无形的重担。中午，当他走到餐桌旁边吃午餐时，他已经完全屈服了。

"午安！"他说。他一定要打破沉默，这充满威胁、像乌云般笼罩在他头上的可怕沉默。

母亲还是不理他，还是不看他。现在，艾德加感觉到母亲的愤怒。那是一种充满心机的强烈愤怒，他从来没有见过。他心里升起一股前所未有的畏惧。从前，母亲生气骂人通常只是像一阵风似的，发发脾气就过去了，气完了之后还会笑，从来不曾真正动怒。可是这一次，他感觉到他激起了母亲内心深处某种狂暴的情绪。他无意间激起了这种狂暴的力量，逼得自己不得不面对。他几乎食不下咽，感觉自己的喉咙干干的，好像被什么哽住，感觉快要窒息了，差一点就喘不过气来。母亲似乎没有察觉。当他们站起来准备离开的时候，母亲才突然不经意似的转过头来对他说："艾德加，上楼来，我有话要跟你说。"

她说话的口气不像在威胁，可是冷冰冰的，让艾德加感到不寒而栗，仿佛有人突然把一条铁链套在他的脖子上。他的倔强脾气被母亲压住了。他默默跟着母亲走进房间，活像一条挨了打的狗。

她还是好几分钟没有说话，继续折磨艾德加。在那段时间里，他听到时钟嘀嗒嘀嗒响，听到外面有一个小孩子在笑，听到自己的心怦怦地跳。可是，她心里一定也很不安，因为当她终于开口时，她还是不看他，而是转身背对着他。

"我不想再谈你昨天的行为了。那种行为真是野蛮到了极点，我一想起来就觉得很羞耻。你要自己承担结果。现在，我只想告诉你，以后你还能不能和大人在一起，就看你这次的表现。刚才，我写了一封信给你爸爸，以后要帮你请一个家庭教师，或是把你送到寄宿学校去学点规矩。以后，我再也不要忍受你的无礼了。"

艾德加低头站在那里。他听得出来这只是一个开始，一种威胁，他冷静地等她讲到正题。

"你现在马上跟男爵道歉。"

艾德加耸耸肩,可是母亲不让他插嘴。

"男爵今天早上已经走了。你要写一封信给他,我来教你怎么写。"

艾德加又想反驳,可是母亲的态度相当坚决。

"不准顶嘴。这里有纸笔和墨水。你坐下。"

艾德加抬头看看母亲。她的眼神非常严厉,看得出来她的决心,他从来没有见过母亲这个样子,这么严厉,这么坚定。他被恐惧征服了,他坐下来,拿起笔,低着头看着桌子。

"信纸最上面写日期。写完了吗?抬头空一行!现在开始写。亲爱的男爵,逗号。再空一行。我刚刚得知——写完了吗?我刚刚得知你已经离开了萨莫林,心里很遗憾。因此,我不得不写信告诉你我打算做的事情,那就是——写快一点儿,不用写得那么工整!——请你原谅我昨天的行为。妈妈曾经告诉过你,我生了一场重病,还没有复原,很容易发脾气。我通常会把事情夸大,事后又马上感到后悔……"

艾德加本来趴在桌子上,这个时候,他忽然挺起腰杆。他转身对着母亲,固执的脾气又恢复了。

"我不写,事实不是这样!"

"艾德加!"她的声音里充满威胁。

"这不是事实。我没有做任何让自己遗憾的事情。我没有做错什么事,我不需要道歉。我只是因为听到你求救才跑去救你!"

她的嘴唇忽然没了血色,鼻翼高高鼓起。

"我什么时候求救了?你疯了!"

艾德加很生气,他立刻理直气壮起来。

"没错,我真的听到你喊救命,昨天晚上,当他抓住你的时候,你就在外面的走廊喊救命。你喊说:'放开我!让我走!'你喊得那么大声,我在房间里都听到了。"

"你胡说,我根本没有和男爵在走廊里。他只是陪我走到楼梯口……"

听到这种明目张胆的谎话,艾德加一时愣住了,一句话也说不出来,他以一种冷冷的眼光瞪着母亲。"你……没有在……走廊里?他……没有抓住你?没有硬要抱着你?"

她笑了起来。那是冷冷的干笑。

"你在做梦。"

这孩子按捺不住了。他当然知道,大人也会骗人。他们编的借口漏洞百出,厚着脸皮耍赖,说一些模棱两可的话。但是现在,像这样厚颜无耻、若无其事地当面说谎,令他气得快要发狂。

"那么,我头上这道伤痕也是做梦吗,是吗?"

"谁知道你跟谁打架了?我现在不是在跟你商量,你非得照我说的做不可,就是这样。坐下来写!"

她脸色苍白,用尽全力压抑内心的紧张。

可是,艾德加心里的某种火苗熄灭了。最后一丝信任的火苗熄灭了。大人竟然可以轻易地抹杀事实,就像用脚踩灭地上的火柴。他绝对无法接受。他的灵魂仿佛结成了冰。他说话开始变得尖酸刻薄,充满愤怒,无法克制。

"难道这些全都是我在做梦?走廊里发生的事情和我头上这道伤痕?昨天你们两个人在月光下散步,他要带你走那条小路到山谷去,难道这也是我在做梦?难道你以为我真的会让自己像小孩子一样被你锁在房间里吗?不,我没有你想象的那么笨!我没有你想象中那么无知。"

他以一种狂妄的态度盯着她的眼睛,逼得她无力反抗。她看到自己孩子的脸近在眼前,那张被仇恨扭曲的脸。她再也控制不了自己的愤怒。

"你给我写!马上把这封信给我写完,要不然……"

"要不然怎么样?"艾德加说话的口气充满挑衅,已经完全失去控制。

"要不我就把你抓到我的膝盖上毒打一顿,就像在打小孩。"

艾德加又向前走了一步,不怀好意地笑了笑。

她打了他一个耳光。艾德加大叫了一声。他耳朵里嗡嗡作响,眼前金星直冒,于是,他像一个快要溺死的人,不自觉地挥舞着手脚,盲目地挥拳还击。他感觉到自己的拳头打在一个软绵绵的地方,打在她的脸上。他听到母亲的尖叫。

这声尖叫使他清醒过来。他忽然意识到自己做了什么,明白自己做的事情有多么可怕:他竟然打了自己的母亲。他忽然感到羞愧、惊骇,迫不及待地想赶快离开,钻个地洞躲起来,赶快逃得远远的,只要不让她看到。他冲出房门,冲下楼梯,穿越旅馆,跑到马路上。赶快跑,他一定要赶快跑,仿佛背后有一群狂吠的猎狗在追他。

初次开窍

他在树林里跑了很久,终于在路边停下来。跑得太累了,他不得不靠在一棵树上,拼命喘气,心里又害怕,又激动,手脚抖得很厉害。他对自己所做的事情充满恐惧,那种恐惧已经追上来了,掐住了他的脖子，摇晃着他的身体，好像发烧了一样。现在他该怎么办？要逃到哪里去？此刻，他在森林里的坡道上，离他住的旅馆只有十五分钟的路程。他感到十分孤寂。当他一个人孤立无援的时候，森林里的一切都变得不一样了，变得充满敌意、更凶狠。昨天，树林在他身边发出亲切的声音，好像兄弟一般，现在却包围着他，满怀恶意威胁着他。而眼前的一切，又将会变成什么模样呢？会不会变得更陌生、更疏远？一个人孤零零地面对这座神秘的大森林，使得这个孩子感到茫然。不行，他无法独自一个人承受这一切，他承受不了。可是他能够去找谁呢？他怕他的父亲，父亲脾气不好，很难亲近，而且会马上把他送到旅馆去。他不想回去，他宁愿走进这个陌生危险的世界。如果他再见到母亲，他一定会想到自己曾经打了她一拳。他实在无法面对她。

然后，他想到自己的祖母。她是个慈祥善良的老太太，从小就宠他。每当父母要处罚他，或是他受到委屈的时候，祖母总是护着他。他会躲到巴登的祖母家，直到父母亲气消了，他才在那里写一封信，向父母亲道歉。在这过去的十五分钟里，他想到自己孤零零的一个人，毫无经验，不知道该怎么办。想到这里，他就觉得很沮丧，他诅咒自己的虚荣心，那种愚不可及的虚荣心。一个满口谎言的陌生人把虚荣灌进他的血液中。现在，他只希望像从前那样当个小孩子，别的什么也不想。他只想跟从前一样听话、忍耐、不要太自负。如今，他终于感觉到过度的自负是多么的可笑。

可是，他要怎么样才到得了巴登呢？到巴登要好几个小时，他要怎么翻山越岭到那边去呢？他赶快伸手去摸随身携带的小皮包。老天保佑，过生日的时候，爸妈给他的那一枚二十克朗的金币还在皮包里闪闪发光。他没有想过怎么花掉这笔钱，可是，他几乎每天都要看看皮包，看看那枚金币还在不在，只要看着它心里就会高兴，感觉到自己很有钱，然后，很温柔地用手帕擦擦那枚金币，直到它像太阳一样闪闪发光。他心里想，这些钱够吗？他开始紧张起来。他从小就经常坐火车，可是从来没有想过坐火车要付钱，要花多少钱，是一克朗还是一百克朗？他第一次感觉到，生活中有许多事情他从来没有想到过，他第一次发现，身边的许多事物都有某种价值、某种意义。一个小时以前，他还自以为无所不知，现在，他发现自己忽略了成千上万的秘密和问题。他感到很惭愧，因为自己的知识贫乏，才刚迈出人生的第一步就摔了一跤。他越来越沮丧，不知道自己到底何去何从，内心充满了犹豫，最后，他终于走到火车站。过去，他经常梦想就这样离家出走，梦想自己一个人去闯荡江湖，当一个皇帝或是国王，当一个士兵或是诗人，而现在，看着眼前灯火通明的车站，心里却充满了紧张的情绪。他只担心一件事：这二十克朗究竟够不够他坐火车到祖母家。

　　闪闪发亮的铁轨，一望无际，延伸到宽阔的田野。空空荡荡的车站几乎已经荒废了。艾德加怯生生地走到售票的柜台前面，悄悄地问，到巴登要多少钱。他问得很小声，以免被别人听到。售票员戴着眼镜，显得有点惊讶。透过黑漆漆的窗口，他满脸微笑地看着这个怯生生的孩子："你十岁了吗？你要买全票吗？"

　　"是的。"艾德加好不容易说出这个词。他说得很心虚，只担心万一钱不够怎么办。

　　"六克朗！"

　　"好的，请给我一张！"

艾德加松了一口气，把那枚心爱的、闪闪发光的金币推进窗口里，售票员找钱给他，那些钱在他的手里发出叮叮当当的声音，那一刹那，艾德加又觉得自己很有钱了，现在，他手里握着一张褐色的小纸片，口袋里的金币碰来碰去发出悦耳的声音。那张车票给了他自由。

　　他看看火车时刻表，知道火车还要二十分钟才会到。艾德加整个人蜷成一团，窝在角落里。有几个人漫不经心地站在月台上，根本没有人注意到他。可是，他心里还是忐忑不安，万一他们看到他，一定会觉得很奇怪，为什么像他这样的小孩子会自己一个人坐火车。他拼命把自己缩到角落里，仿佛别人一眼就可以看穿他做错了事，准备逃亡。远处终于传来火车的第一声汽笛，然后，他看到火车轰隆轰隆地驶近月台。他松了一口气。这列火车将会带他走进真实的人生。

　　上了火车，他才发现自己买的是三等车厢的票。从前，他总是坐头等车厢，而此刻，他又感觉到一切都改变了。以前，他从来没有发现，这个世界有那么大的差异。邻座的乘客和从前他见过的都不一样。他的对面坐着几个意大利工人，手上长满了茧，嗓子很粗，手里拿着铁锹铁铲，眼神呆滞空洞地看着窗外。他们显然工作得很卖力，因为其中有几个已经累得在摇摇晃晃的车厢里睡着了，尽管列车嘎拉嘎拉地行进，他们靠在又硬又脏的工具上，张大着嘴巴睡着了。艾德加心里想，他们为了赚钱拼命工作，可是，艾德加无法想象，他们究竟能赚多少。这个时候，艾德加再次体会到，一个人不可能平白无故就有钱，一定要想办法去赚。他第一次领悟到，过去，他一直理所当然地生活在舒适的环境里，从来不曾留意身边就是无底深渊、无穷尽的黑暗。他第一次领悟到，人总是被职业和命运所摆布，冥冥中自有某种规范和法则，幸福生活的表面下，隐藏着无数的秘密，近在咫尺，而他却从来不曾留意过。

在独处的一个小时里，艾德加学到了许多事情。在这个狭窄的车厢里，看着窗外的广大世界，他开始看到许多事物。他心中黑暗的绝望开始慢慢滋长出某些事物。虽然谈不上幸福，却是多彩多姿生活所带给他的惊奇感受。虽然，他是因为胆怯而逃跑，可是，这毕竟是他第一次单独行动。他体验到真实世界中许多过去忽略的事物。长久以来，对他来说，这个世界是一个秘密，而现在，对他的父母亲来说，他也成了一个难解的秘密。他开始以不同的眼光观察窗外的世界。他觉得自己仿佛第一次看到了真实的世界，仿佛掩盖世界的薄纱已经被掀开了。如今，他看到了所有的事物，看到它们的内在目的，看到生活的神秘脉络。一间间房屋从窗外飞逝而过，仿佛被风吹走了。他不自觉地想到住在屋子里的人。不知道他们是贫是富，是幸福还是不幸；他们是否也和他一样，渴望知道一切；屋子里有小孩子吗；他们是否也像他一样，一直到今天才体验到真实的人生。平交道的守护员站在铁道旁，手里挥舞着旗子。他头一回感觉到，自己不再像从前一样，把他们当成散落在各地的玩偶，当成没有生命的玩具，以为他们只是偶然被放在那里的某种东西。他终于懂了，这是他们的命运，是他们与生活的斗争。车轮越转越快，带着火车一路蜿蜒而下，抵达山谷。崇山峻岭的影像越来越模糊，越来越遥远。火车很快就来到平原了。他回头再看最后一眼，蓝色的群山模糊难辨，变得遥远，遥不可及。他感觉到，他的童年仿佛被遗留在崇山峻岭与天际云影交融的所在。

令人纷乱的黑暗

　　列车在巴登靠站之后，艾德加下了火车，发现月台上已经灯火通明，信号灯也在远处一红一绿地交替闪烁着。看着眼前五彩缤纷的景象，他突然意识到黑夜已经来临了。白天的时候，到处都是人，心里头还觉得蛮有安全感的，他可以放松自己，坐在长板凳上休息，或是看看商店里的橱窗。可是现在，人们纷纷回到自己的家，和家人聊聊天，然后各自回到床上，度过宁静安详的夜晚。可是，只有他满怀着罪恶感，独自一个人，在这个陌生的地方四处徘徊，这叫他怎么承受得了。现在，他心里只有一个念头：喔，多么希望能够立刻有个地方栖身，这个陌生诡异的地方虽然自由，可是他一分钟也不想多待了。

　　他急忙沿着熟悉的大路走去，一心一意只想赶快到达目的地，对于两旁的景物都视若无睹，最后，他终于走到他祖母的别墅前。这栋漂亮的别墅就坐落在宽阔的林荫道上。不过，它隐藏在一座常春藤和各种藤蔓植物交错盘生的花园后面，再加上这栋房子古旧宜人的颜色是柔和的青草绿，所以很不容易发现。艾德加站在铁栏杆外，像一个陌生人似的往里面窥探。房子里没有任何动静，窗户紧闭着，很显然的，主人和客人都在后面的花园里。当他的手摸到冰凉的门把时，他的心里忽然产生一种奇怪的感觉。一两个小时以前，他原本觉得很简单，很理所当然的事情，突然之间，却变得完全行不通了。他要用什么理由进去呢？他该如何问候他们呢？他又如何承受得了他们的问话呢？而他又该怎么回答他们呢？如果进去了，他就不得不告诉他们自己是不告而别，母亲并不知道他要到这里来，到那个时候，他要如何面对他们呢？而他又该怎么向他们解释，他所做的那件连自己都难以理解的可怕蠢事呢？正当艾德加犹豫不决的时候，屋子里忽然有人打开门。刹那间，他感到一阵没来由的恐惧。可能有人出来了，他不想被看见。于是，他逃跑了，可是自己也不知道要跑去哪里。

他跑到温泉公园的门口停下来，因为他发现公园里一片漆黑，里面应该没有人。他想，也许他可以在那里静静地坐一会儿，让心情先平静下来，再好好地想一想，自己该何去何从。他怯生生地走进公园。在前面不远的地方，有几盏路灯亮着，树上嫩绿的树叶，被灯光照得像鬼影一般透亮，好像投射在水面上似的。可是，在这个混乱昏暗的早春夜晚，所有的一切好像都沉浸在令人难以忍受的黝黑氛围中。在路灯照明的几个地方，坐着一些人，有的在聊天，有的在看书，艾德加很害羞地从他们旁边溜过去。他想一个人独处。可是，即使是小山丘上，没有灯光的小径旁边的阴暗处也不怎么宁静。那里到处充满细微、鬼鬼祟祟的耳语声和沙沙声，有时候还夹杂着风在纷乱的树叶间流动的声音，以及远处传来的脚步声、压低了嗓门的讲话声，还有可能同时由人、动物和无法安睡的大自然发出的充满情欲、叹息连连而不安的呻吟声。这是那么的令人沮丧、害怕、难以捉摸而且难以理解。在这树林间，流动着地底下传来的骚动，似乎连空气都是活生生的，这也许只是春天到来的关系，却使得这个走投无路的孩子更加困惑不安。

艾德加躲进那深不可测的黑暗里，他躺在公园的长椅上，把身体缩成一团,想试着思考一下回家后该怎么说。可是,他的思维混乱,心绪飘忽不定,还来不及抓住就全都溜走了。所以,他只得继续倾听四周低沉的声响,藏匿在黑暗中的神秘声响。这可怕的黑暗,是那么令人费解,却又带着神秘的美感!到底是动物还是人类,把这些沙沙声和噼啪声、移动的声音和低沉的话声编织在一起的,或者只是风那像幽灵一般的手的杰作呢?他倾听着。这应该是风正焦躁不安地在树林间徘徊着,可是现在,他清清楚楚地看到,那同时也是人,一对情侣搂抱在一起,正从灯火明亮的地方走上来,而他们像谜一般地出现,为这一片黑暗带来了活力。他们想要做什么呢?他不懂。他们俩没有交谈,因为他并没有听到说话的声音,只听到地上传来焦躁不安的脚步声,在此起彼落的灯光下,他看到他们的身形像幻影一般飘忽而过。可是,他们始终缠绵在一起,几乎要合为一体了。艾德加看到这个景象,猛然想起之前看过母亲和男爵也是这样相偎相依走在一起。这么说,那个秘密,那个伟大的、令人眼花缭乱又具有决定性的秘密,在这里也有。这个时候,他听到脚步声越来越接近了,接着又听到一个低沉的笑声。他很害怕,因为不管是谁走过来,都有可能发现他。因此,他把自己缩得更小,躲到更暗的地方去。那两个人沿着漆黑的小径一路摸索上来时,并没有发现他,他们紧紧依偎着,从艾德加的身边经过。艾德加刚松了一口气,他们就忽然停下脚步,正好就站在他躺着的长椅前面。他们的脸紧紧贴在一起。黑暗中,艾德加什么都看不清楚。他只听到女人的嘴里发出一声叹息,男的则是结结巴巴地说了一些热切、恳求的话。听到了这些,艾德加在焦虑不安之中,似乎也产生某些不祥的预感,夹杂着一丝欢愉的战栗。他们就这样停留了大约一分钟，然后又听到鹅卵石在他们离去的脚步下沙沙作响，很快的，他们就消失在黑暗中了。

艾德加浑身发抖，全身冰冷。突然，他觉得血液又再度恢复运行，他的脉搏却更加快速地跳动。顿时之间，他感到无法再忍受孤零零一个人，待在这个使人迷乱的黑暗中。他感觉到一种强烈的需求，他想要听到亲切的声音，他想被人紧紧地抱住，他想要明亮温暖的房间，还有他想看到他所爱的人。他觉得，这个纷乱的夜晚，这个令人费解的黑暗，仿佛深深地沉入他的体内，快要把他炸碎了。

他从长椅上跳下来。心里只想着家，不管哪个角落都有温暖、明亮的房间，还可以和亲人在一起。回家以后，他们会怎么对待他呢？在经历过这可怕的黑暗和孤寂的恐惧之后，不管他们打他，还是骂他，他都不觉得有什么好害怕的了。

他被某种无形的力量推着往前走，却完全没有感觉。突然，他又来到别墅前了，他的手再一次摸到冰凉的门把。他注意到，窗户里明亮的灯光透过绿荫发出微微的闪光；他在心里冥想着每扇明亮的玻璃窗后面熟悉的房间，还有住在里面的亲人。能够这么接近家，已经使他感到很幸福；而能够贴近那些爱他的人，更给予他最平静的感觉。如果，他现在还在犹豫的话，也只是为了更深入地品味幸福的预感。

忽然，一声刺耳的尖叫在他的背后响起："是艾德加，他在这里！"

他祖母的女仆看见他了。她急速地向他冲过来，一把抓住他的手。大门跟着被打开，有一只狗边叫边跳到他身上，有人拿着灯从屋里走出来。接着，他听到了欢呼和惊讶的叫喊声；欢乐的呼喊声和脚步声乱成一团，然后，他看到熟悉的身影。他的祖母张开臂膀，第一个迎向他，而她后面，竟然是他的母亲，他以为自己在做梦，眼泪直流，觉得全身颤抖，软弱无力，置身在这种热烈爆发的感情洪流中，不知道应该做些什么，应该说些什么，甚至根本就弄不清楚自己的感觉，到底是感到害怕，还是觉得幸福。

最后的梦

　　事情是这样的：他们已经找他找很久了，而且认为他应该会到这里来，所以也一直在屋子里等他。他妈妈虽然非常生气，看到满腔怒火的孩子气急败坏地冲出旅馆，她也吓坏了，于是立刻派人在萨莫林到处找他。后来，有人传来消息说，三点钟左右曾经在火车站售票处看到这个孩子。接着，他们很快就打听到艾德加买了一张往巴登的火车票。他妈妈接到消息之后，毫不迟疑的，立刻就搭火车随后赶去。而她拍往巴登以及维也纳他父亲那里的电报，都比她先到达目的地，两边的家人顿时都骚动起来。两个小时以来，大家总动员，用尽各种方法寻找这个逃跑的孩子。

　　现在，他祖母紧紧地抱住他，没有半点威胁的意味。在一种刻意压抑的胜利气氛下，他被带到房间里；不过，他觉得奇怪的是，祖母用严厉的言词责备他时，他心里竟然完全不在意，因为他在她的眼睛里看到了欢笑和爱。而事实上，这种虚张声势装出来的恼怒，在一瞬间就消失无踪了。过后，祖母又泪流满面地拥抱他，也没有人再提起他所犯下的过错，而他只感觉到自己被充满爱意的关怀包围着。祖母的女佣帮他把外套脱掉，替他换上一件更暖和的。祖母问他会不会饿，或是需要什么其他的东西。他们温柔体贴地包围着他，不停地问东问西，直到她们发现他似乎很不自在，这才住了嘴。不过，他还是以愉悦的心情去感受这种他曾经一度藐视，现在却异常想念的感情；他又变回孩子了。他为自己这几天过度的自负感到惭愧，他竟然将原本幸福的生活丢弃，却只换得孤寂虚幻的乐趣。

隔壁房间的电话铃响了。他听到了母亲的声音，断断续续地跟对方答话："艾德加……回来了……你快过来吧……搭下一班火车。"他觉得很讶异，母亲竟然没有对他发脾气，没有对着他大吼大叫，只是用一种异样、压抑的眼光看他。他的心里懊悔不已，他多希望能挣脱他祖母和姑妈们关爱的束缚，到隔壁房去找她。他想私下请求她原谅，他要谦卑地跟她说，他想重新变回一个孩子，他会乖乖听她的话。可是，当他悄悄地站起来时，祖母发现了，有点吃惊地问他："你要上哪儿去？"

他尴尬地站在那里。她们现在只要一发现他有任何动静就很紧张。他这一次真的把她们给吓坏了，她们很怕他又想逃跑。他不知道该怎么做才能使她们明白，对于这次的逃跑行为，没有人比他更后悔了。

仆人来把餐桌铺好，帮他端来临时准备好的晚餐。祖母就坐在旁边看着他，她的视线连一分一秒都不曾离开过他。祖母、姑妈和女佣环绕在他的四周，他就这样被她们围在平静祥和的氛围里，而置身在这充满温暖的关爱中，他的心灵感到特别的平静。可是，母亲没有到这间房里来，让他觉得有些不安。如果她知道他现在是多么的谦卑恭顺，她一定会进来看他！

忽然，外面传来一阵嗒嗒的马车声，然后在房子前面停了下来。大家顿时都骚动了起来，使得艾德加也开始感到不安。然后，祖母走了出去，在黑暗中只听到人声鼎沸，他随即知道是父亲来了。艾德加突然有点惊恐地意识到，现在房间里又只剩下他一个人了，虽然只是独自待上短短几分钟，他却感到相当不安。父亲很严厉，是唯一让他真正害怕的人。艾德加屏息凝听外面的动静。父亲似乎相当激动，他大声地说话，听起来好像很生气。这中间他还听到祖母和母亲在安抚父亲的声音，很显然的，是想要让他平静下来。可是，他的语气还是很严厉，就跟他急促的脚步声一样，现在，他走进来了，越走越近，越走越近，接着，经过隔壁房间，来到了艾德加的房门口，突然，房门被打开了。

父亲的身材很魁梧。当他走进来的时候，全身肌肉紧绷，显然是真的动怒了。站在他面前，艾德加感到自己十分渺小。

"你这小子，到底是怎么搞的，竟然会想要逃跑？你怎么可以这样吓唬你母亲？"

他说话的语气充满了怒气，两只手冲动地比画着。这个时候，艾德加看到母亲在父亲身后静悄悄地走了进来。她脸色阴沉。

艾德加没有回答。他觉得必须为自己辩白，可是，他该如何解释他被某个人欺骗，他们甚至还打了一架的事呢？他父亲会理解吗？

"怎么，不会说话啦？究竟是怎么回事？你可以跟我说说！是哪里不对吗？一个人会想要逃走总有个理由吧！是谁伤害你了？"

艾德加迟疑着。回想起之前发生的事，使他又产生满腔的怒火，于是，他准备开始告状了。这个时候，他看到母亲在父亲背后对他做了一个暗号，他的心顿时停止了跳动。他并不明白她想表达的意思，不过，他接着发现她正用恳切哀求的眼神看着他。然后，她轻轻地，非常轻地把手指举到嘴唇上，暗示他什么都不要说。

刹那间，这个孩子觉得一股暖流流遍了全身，他感到莫大的幸福。他知道她要他保守秘密，他的说辞将决定她的命运。而她信任他，这使得他整个人都快因为骄傲而沸腾起来。突然，他决定要牺牲自己，把自己的罪行夸大，向母亲表明，他是多么可靠，多么成熟懂事。于是，他提起精神对父亲说："不，不……没有什么原因。妈妈她对我很好，是我自己不听话，不守规矩，后来……后来……因为我很害怕，所以就逃跑了。"

他父亲很惊讶地看着他。他什么情况都设想过了，就是没料到他会这么说。他的怒气全消了："好吧，如果你知道错了，那就好！我今天也不会再提这件事了。我相信，下一次你会自己好好想一想。这种事情就别再犯了。"

他站在那里看着艾德加，他的声音变得温和多了："你的脸色看起来可真苍白。不过，我看你又长高了一些。我希望你以后别再搞这种小孩子的把戏了。你已经不再是小孩子了，应该要有判断能力才对！"

在这段时间里，艾德加只顾看着母亲。他似乎看到她的眼睛里有一丝闪光。或者，那只是灯光的反射？不，她的眼睛湿湿亮亮的，嘴边还带着一抹微笑，好像是在对他说"谢谢你"。

然后，他们送他上床睡觉，虽然留下他独自一个人，他并没有感到不安。他有那么多事情，那么多感觉要回味。这些日子以来所有的痛苦，都消失在他第一次独自冒险的强烈冲击之中，他觉得自己正对未来无法预期的神秘感到兴奋。

窗外的树木在黑沉沉的夜里沙沙作响，不过，他已经不再感到害怕了。原本他对生命已经失去了耐性，可是现在，他发现生命竟是如此的多彩多姿。仿佛直到今天，他才第一次看到赤裸裸的现实世界，不再被童年时代千百种的谎言所蒙蔽，而是以完整、超乎想象、充满刺激的美的形象呈现出来。他从来没有想过，在短短几天之内，竟然能经历如此丰富多变的苦与乐。让他更感到高兴的是，还有很多这种日子在前面等着他，而整个充满惊奇的人生探索之旅，也正等着他揭开帷幕。

他初次领教到现实世界的多面化。他相信，自己第一次了解到人类真实的本性。人们彼此需要，即使表面上看起来是相互敌对的，还有，被爱是非常甜蜜的。他没有办法去恨任何人或任何事物，也没有对任何一件事感到后悔，甚至是对男爵，那个骗子，他最大的仇敌，他也对他产生了一种新的感情，因为是他为他打开了那扇通往新的感情世界的大门。

此刻，在黑暗中回想起之前的一切，他觉得非常满足，非常愉快。这些回忆渐渐和梦中的幻境交织在一起，他就快要进入梦乡了。是不是有人突然打开房门？是不是有人进来了？起先，他以为自己弄错了，更何况他已经昏昏欲睡，眼皮重得睁都睁不开了。然而，他感觉到头上有呼吸声，一张柔软、温暖而亲切的脸贴在他的脸上，他知道这是母亲的脸，她吻了吻他，然后摸摸他的头发。他感觉到她的亲吻，还有她的泪水，并且轻柔地回应她的关爱。他把母亲的动作当作是一种和解、一种感谢，感谢他的沉默。多年以后，他才真正了解到，这些无言的泪水包含着一个女人的誓言，而这个女人即将老去，从此时此刻起，她只想属于他，属于她的孩子。这是她对风流韵事的弃绝，是对自身一切欲念的告别。他不知道,她也很感激他从没有结果的艳遇中把她拯救出来。如今,借由这个拥抱,她把爱,这种既甜蜜又苦涩的重负,当作一份遗产,留给他未来的人生。当时,这个孩子并不了解这一切,可是,他觉得能够这样被一个人爱是一种莫大的幸福,而经由这种爱,他掌握了世界上最大的秘密。

  她松开了手,嘴唇轻轻擦过他的脸颊,然后快步走出房间,她带来的温暖气息却残留在他的脸上。他满心盼望,从此以后他能够常常被这么柔软的嘴唇亲吻,能够常常被人温柔地拥抱。可是,他千辛万苦寻觅的秘密所带来的预兆,很快就被睡梦的阴影所笼罩。然后,过去几个小时的所有画面又栩栩如生地在他的脑海中重现,他的童年之书又再次被打开。随后,这孩子沉睡了,开始他人生更深沉的梦。

欢迎你从《一个陌生女人的来信》进入

读客经典文库

不同的精神成长书单，为你提供更多选择

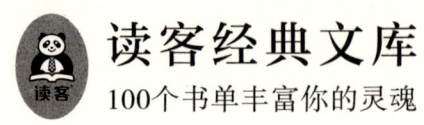

读客经典文库
100个书单丰富你的灵魂

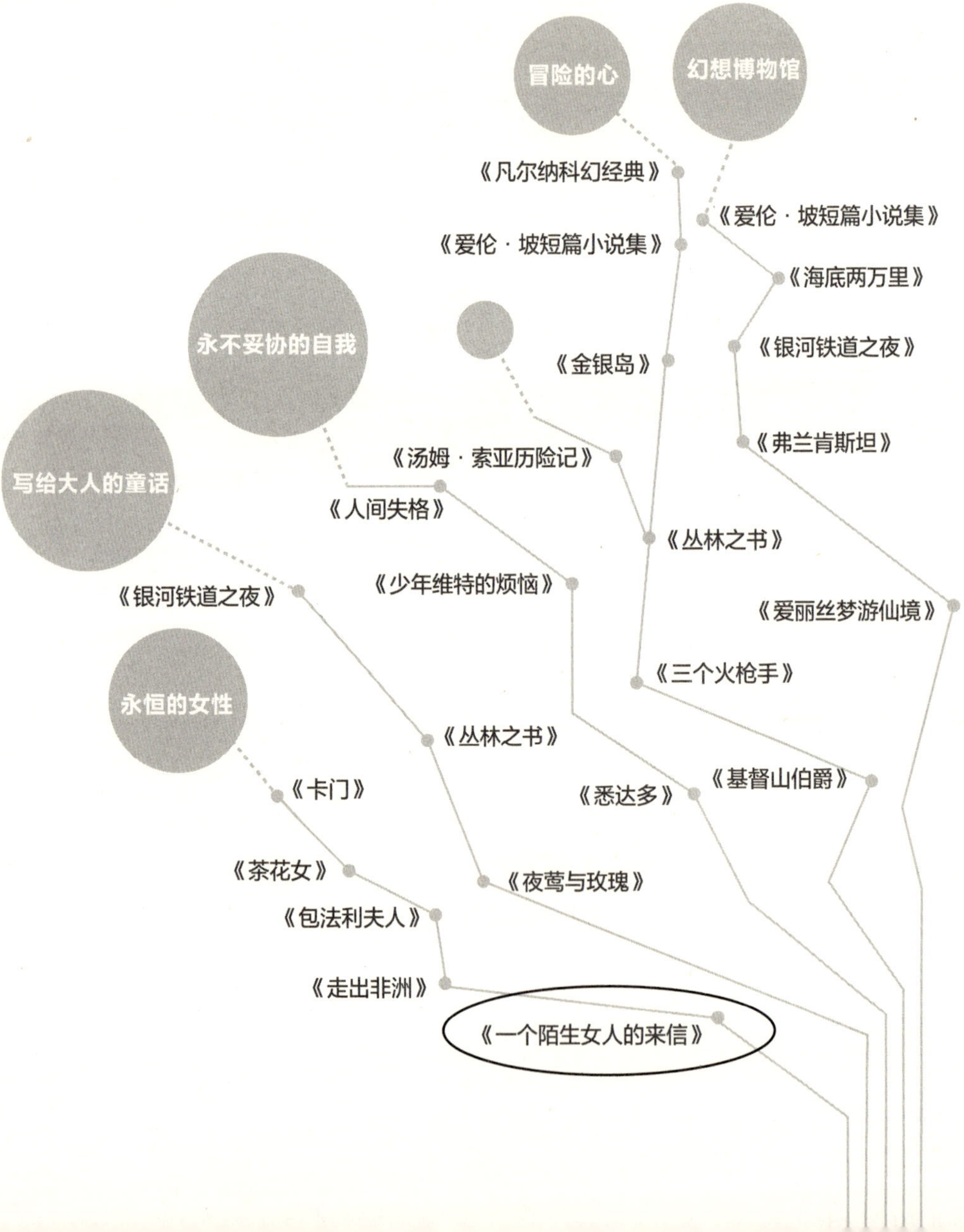

冒险的心
幻想博物馆

《凡尔纳科幻经典》
《爱伦·坡短篇小说集》
《爱伦·坡短篇小说集》
《海底两万里》

永不妥协的自我

《金银岛》
《银河铁道之夜》
《汤姆·索亚历险记》
《弗兰肯斯坦》

写给大人的童话

《人间失格》
《丛林之书》
《少年维特的烦恼》
《爱丽丝梦游仙境》
《银河铁道之夜》

永恒的女性

《三个火枪手》
《丛林之书》
《卡门》
《悉达多》
《基督山伯爵》
《茶花女》
《夜莺与玫瑰》
《包法利夫人》
《走出非洲》
《一个陌生女人的来信》

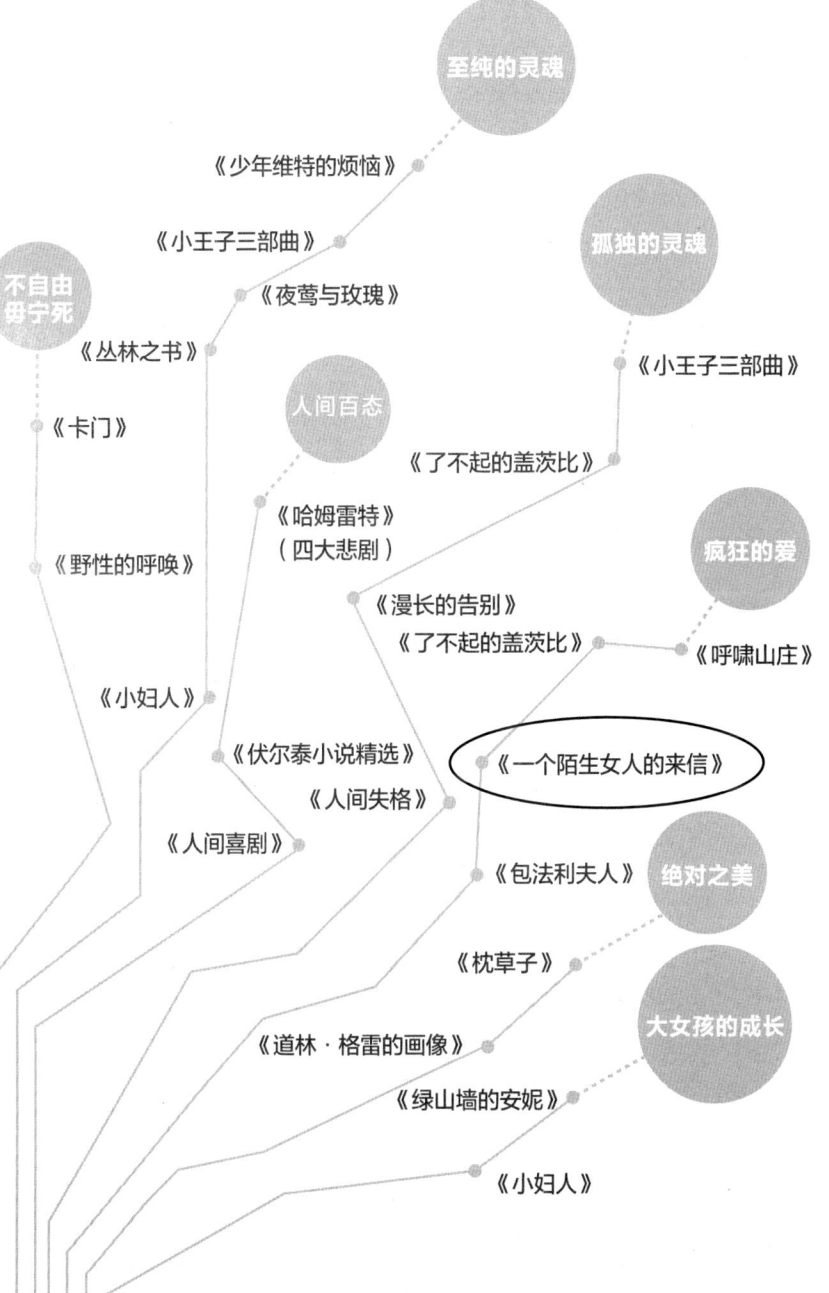

激发个人成长

多年以来,千千万万有经验的读者,都会定期查看熊猫君家的最新书目,挑选满足自己成长需求的新书。

读客图书以"激发个人成长"为使命,在以下三个方面为您精选优质图书:

1、精神成长
熊猫君家精彩绝伦的小说文库和人文类图书,帮助你成为永远充满梦想、勇气和爱的人!

2、知识结构成长
熊猫君家的历史类、社科类图书,帮助你了解从宇宙诞生、文明演变直至今日世界之形成的方方面面。

3、工作技能成长
熊猫君家的经管类、家教类图书,指引你更好地工作、更有效率地生活,减少人生中的烦恼。

每一本读客图书都轻松好读,精彩绝伦,充满无穷阅读乐趣!

认准读客熊猫

读客所有图书,在书脊、腰封、封底和前后勒口都有"**读客熊猫**"标志。

两步帮你快速找到读客图书

1、找读客熊猫   2、找黑白格子

马上扫二维码,关注 **"熊猫君"**

和千万读者一起成长吧!

图书在版编目（CIP）数据

一个陌生女人的来信 /（奥）斯蒂芬·茨威格著；陈宗琛译. -- 上海：文汇出版社，2018.7
ISBN 978-7-5496-2529-1

Ⅰ．①一… Ⅱ．①斯… ②陈… Ⅲ．①中篇小说－奥地利－现代 Ⅳ．① I521.45

中国版本图书馆CIP数据核字（2018）第 067742 号

译本授权：台湾晨星出版有限公司

一个陌生女人的来信

作　　者 /	（奥）斯蒂芬·茨威格
译　　者 /	陈宗琛
责任编辑 /	戴　铮
特邀编辑 /	牟雪莲　周量航
封面装帧 /	汪　芳
出版发行 /	文汇出版社
	上海市威海路 755 号
	（邮政编码 200041）
经　　销 /	全国新华书店
印刷装订 /	北京盛通印刷股份有限公司
版　　次 /	2018 年 7 月第 1 版
印　　次 /	2018 年 7 月第 1 次印刷
开　　本 /	890mm x 1270mm 1/32
字　　数 /	148千字
印　　张 /	7.5

ISBN 978-7-5496-2529-1
定　　价 /　32.00 元

侵权必究

装订质量问题，请致电010-87681002（免费更换，邮寄到付）